Madeira
Azoren · Kapverden

Beate Schümann (Text) · Hartmut Schwarzbach (Fotos)

Inseltrio im Atlantischen Ozean

Großes Bild: Fajã do Ouvidor auf der Azoreninsel São Jorge. Kleines Bild: Landfrau in Câmara de Lobos.

Madeira, Azoren und Kapverden – Brückenköpfe zwischen Alter und Neuer Welt. Gegensätze treffen sich auf den ungleichen Eilanden mit den vielen Gemeinsamkeiten. Alle sind vulkanischen Ursprungs, verbindet eine mehr als 500jährige Geschichte und die portugiesische Sprache. Madeira und die Azoren sind dank des ausgeglichenen, warmen Klimas von dichter Vegetation bedeckt. Einen Hauch von Afrika bekommt man auf den Kapverden zu spüren.

Töchter des Vulkans, Bräute des Windes, das sind die Inseln im Atlantik: Madeira, die Azoren und die Kapverden – 28 Landflecken im Ozean zwischen Europa, Afrika und Amerika, und keiner gleicht dem anderen.
Alle drei Inselgruppen verdanken ihre Existenz vulkanischer Gewalt, einem »Unfall der Natur«. Über der glitzernden Wasseroberfläche erscheinen sie wie Kleckse im weiten Ozean. Pures Understatement! Denn was sich darunter verbirgt, ist gigantisch in Zeit und Raum. Die drei Archipele gehören zu einer gewaltigen mehreren Etappen brodelnde Lava über die Wasseroberfläche schleuderte, die oben erkaltete. Nach den Eruptionen gab es im 106,6 Millionen Quadratkilometer großen Atlantischen Ozean plötzlich 7153 Quadratkilometer mehr Land. Eine späte Geburt, jedenfalls nach erdgeschichtlichen Maßstäben.

Kraterseen, Geysire, Fumarolen und unterirdisches Donnergrollen geben auf mehr oder minder allen Inseln zu verstehen, daß der vulkanische Prozeß nicht abgeschlossen ist. Die Azoren sind die Lieblingstöchter des Vulkans. Sie liebeben, alle 100 Jahre ein Vulkanausbruch. Diese Unbekümmertheit hat ein wissenschaftliches Fundament. »Die Azoren sind mit einem ausgezeichneten Frühwarnsystem für Erdbeben ausgestattet«, erklärt Dr. Rui Coutinho, Direktor des Geologischen Instituts der Universität Ponta Delgada. »Vulkanausbrüche kann dagegen kein seriöser Wissenschaftler vorhersagen.«

Es war der Wind, der Anfang des 15. Jahrhunderts portugiesische Karavellen mit atlantischen Strömungen zu den Inseln trieb. Portugal hatte damals

Madeiras Badeinsel: Sandstrand auf Porto Santo

verborgenen Gebirgskette, dem Nordatlantischen Rücken. Sie sind lediglich die Spitze der Vulkanberge, famose Superlative einer unterseeischen Gebirgswelt. Tief unten treffen die drei tektonischen Platten der Erdkruste – die amerikanische, die afrikanische und die eurasische – aufeinander, die ständig in Bewegung sind und eine enorme Reibungsfläche bieten. Wenn stärkere Reibungen auftreten, kann die Erdkruste an den empfindlichen Stellen aufbrechen und glühendes, flüssiges Magma aus dem Erdinneren emporschleudern.
Genau das geschah vor rund vier Millionen Jahren, als ein submariner Vulkan in gen direkt an der Stoßstelle der Erdkrustenplatten, und man spürt die Nähe und Kraft dieser Urgewalt überall. Rund 500 Millionen Menschen auf der Welt leben täglich mit dieser Gefahr.

Alltag mit Vulkanen und Erdbeben

Die Azoreaner haben über die Naturkatastrophen ihre eigene Meinung. »Laut Statistik sterben die meisten Menschen im Bett. Da sorgen wir uns nicht um Erdbeben und Vulkane«, bilanziert nüchtern der Taxifahrer Luís Vieira auf São Jorge. Ihre Faustregel: Alle zehn Jahre ein Erd-

Madeira: Ein Levadeiro reinigt einen Wasserkanal

Korbschlittenfahrt in Monte

Steilküste am Cabo Girão (unten)

Madeira hat als »Insel des ewigen Frühlings« einen guten Ruf. Doch auch hier schlägt sich manchmal dichter Nebel nieder. Vor allem die bergige Nordküste ist häufig verhangen, aber an der Südküste kommt die Sonne schnell wieder hinter den Wolken hervor. Außer der Natur hat Madeira Kunstgenuß zu bieten. Azulejos – kunstvoll bemalte und glasierte Kacheln – sind der typische Dekorationsschmuck in Kirchen und Palästen, quasi als Tapetenersatz. Geometrische Muster wechseln sich mit Blumengirlanden, Fabeltieren, volkstümlichen und historischen Szenen ab. Im Barock, mit der Entdeckung des Goldes in der portugiesischen Kolonie Brasilien, kam die Talha Dourada hinzu, vergoldetes Holzschnitzwerk.

gerade seine Karriere zur ersten Weltmacht, zur ersten Kolonialmacht und zur ersten Welthandelsmacht begonnen. Expansionsdrang, Missionseifer und leere Staatskassen gaben den Ausschlag für die neue maritime Politik und den ersten europäischen Griff nach Übersee. Schritt für Schritt stießen die Portugiesen nach Süden vor mit dem Ziel, den Seeweg zum Gold- und Wunderland Indien um Afrika herum zu finden.

Auf ihrem Weg entlang der westafrikanischen Küste brachten Stürme und unbekannte Strömungen die Portugiesen von ihren Routen ab. Die Kapitäne João Gonçalves Zarco und Tristão Vaz Teixeira strandeten 1418 auf dem Sand-

Fischerboot vor Câmara de Lobos

flecken Porto Santo vor Madeira. Zwei Jahre später landete Zarco auf der größeren grünen Nachbarinsel. 1427 kam Diogo de Silves nach Santa Maria, jener Azoreninsel, die dem europäischen Festland am nächsten ist. Bei den Folgeexpeditionen wurden São Miguel, dann die Zentralgruppe, Terceira, Graciosa, São Jorge, Faial und Pico, gesichtet. Erst gut 20 Jahre später, 1452, stieß Diogo de Teive auf die Westgruppe, Flores und Corvo. 1456 trieb der in portugiesischen Diensten segelnde Italiener Aloisio Cadamosto zur kapverdischen Insel Boa Vista; um 1461 kannte man auch die Koordinaten der 14 anderen. So begann für alle drei Archipele eine mehr als 500jährige gemeinsame Geschichte.

Die halbmondförmige Bucht von São Lourenço auf der ältesten Azoreninsel Santa Maria

Als die Portugiesen kamen, waren alle Inseln unbewohnt. Aber sie waren keineswegs so unbekannt wie die »Entdecker« behaupteten. Historiker vermuten, daß Phönizier oder Kanaren lange vorher auf Madeira gestoßen waren. Doch das Wissen dieser Seefahrervölker um die Lage des Archipels ging unter oder wurde nicht publik. Zudem war Madeira schon auf der florentinischen Seekarte von 1351 eingezeichnet. Auch die Umrisse der Azoren tauchen auf italienischen Seekarten aus dem 13. und 14. Jahrhundert bereits auf. Neuerdings ziehen sogar kapverdische Historiker in Zweifel, daß die Portugiesen sich zu Recht als Entdecker ihrer Heimat rühmen.

Auf der »Holzinsel« Madeira gibt es keine dichten Wälder mehr

Die Namen der drei Archipele führen alle in die Irre. Ilha de Madeira, Holzinsel, hatten die ersten Siedler den grünen Felsbrocken getauft. Doch die großen dichten Wälder von damals gibt es schon lange nicht mehr. Sie verschwanden bei der Brandrodung, in den Öfen der Zuckersiedereien, als Schiffsplanken und Masten der madeirensischen Zuckerflotte. Als »Berge aus Feuer, Wind und Einsam-

Stierkampf am Seil gibt es nur auf Terceira

Die Azoren sind noch immer unentdeckt. Sie sind wie Inseln der Zeit, auf denen die Uhren anders gehen, viele Eigenheiten bewahrt und noch manche Geheimnisse zu entdecken sind. Weil Fremde so selten kommen, verquicken sich Gastfreundschaft und Hilfsbereitschaft mit Neugier auf so angenehme Weise.

Ein azoreanischer Bauer auf São Jorge

Horta: Liebe zwischen Vulkan und Hafenmole

Abend im Hafen von Ponta Delgada, der betriebsamsten Stadt der Azoren

keit« beschrieben die Neuankömmlinge die Azoren. Stärker beeindruckt waren sie jedoch von den vielen Bussarden. Da sie aber von Beruf Entdecker waren und keine Ornithologen, hielten sie die Greifvögel für Habichte, weshalb sie die Inseln Ilhas dos Açores, Habichtsinseln, nannten.

Daß die Portugiesen den Inseln vor der Küste Senegals den Namen »Cabo Verde« (Grünes Kap) gaben, muß damals schon ein Wunschtraum oder eine Fata Morgana gewesen sein. Es wuchsen in der Anfangszeit zwar mehr Bäume, die den Boden vor dem Austrocknen schützten. Aber ausgesprochen grün war es auf keiner. Die Kapverden liegen im Bereich der Sahelzone. Deshalb regnen sich die Wolken unter dem Einfluß trokkenheißer Passat- und Harmattanwinde selbst zur Regenzeit nicht ab. »Weniger als 333 Millimeter Niederschlag im Jahr« errechnete 1997 das kapverdische Ministerium für Wirtschaftsplanung. Eine Freude für Urlauber, für die Kapverdier eine Katastrophe.

Ganz andere Zahlen legen die Madeirenser vor: In den nördlichen Höhenlagen werden bis zu 3000 Millimeter Niederschlag gemessen, in Funchal 650, auf Porto Santo nur 350. Die Azoren sind hier potente Konkurrenten. Kein Wunder, daß das Grün auf den beiden nördlichen Archipelen so üppig sprießt. In dieser urwüchsigen Natur existieren Hunderte von Pflanzen- und Tierarten, die nur hier vorkommen. Auf den Kapverden dagegen haben es Flora und Fauna wegen des ungünstigen heißen und trockenen Klimas eher schwer.

Schiffe, Sklaven, Zucker, Wein und Wale brachten den Inseln Wohlstand

Heinrich der Seefahrer, Pionier und Sponsor der portugiesischen Entdeckungsfahrten, zögerte nicht: Sofort nach der Landnahme ordnete er die Besiedlung an. Doch die Phasen wirtschaftlichen Aufschwungs waren Strohfeuer, die schnell erloschen: der Zucker- und Weinboom auf Madeira, auf den Azoren der Walfang und die Rolle als Knotenpunkt des transatlantischen Schiffsverkehrs, auf den Kapverden der Handel mit Sklaven. Piraten, Naturkatastrophen, Mißernten und Hungerperioden machten die Bemühungen immer wieder zunichte. Gute Geschäfte machten ohnehin nur einige wenige Großgrundbesitzer, Kaufleute und Unternehmer. Die meisten Insulaner waren

Landlose, die am Steilhang Knochenarbeit leisteten, um dem Boden Erträge abzuringen. Mit abhängiger Handarbeit lassen sich eben keine Reichtümer verdienen.

So setzte schon bald nach der Besiedlung eine gegenläufige Bewegung ein, die bis heute anhält. Armut, Vulkanausbrüche, die harte Arbeit und die räumliche Enge bewegten viele, die Inseln zu verlassen. Auf Madeira leben heute rund 258 000 Menschen – mehr

Wasser ist Mangelware: Am Cova-Krater auf Santo Antão transportieren Esel das kostbare Naß

São Vicente: Kolonialbauten in Mindelo

als doppelt so viele haben ein neues Zuhause in Venezuela, Südafrika und den USA gefunden. Etwa 250 000 Einwohner weist die Statistik der Azoren aus; hinzu kommt eine Gemeinde von gut einer Million Emigranten; an erster Stelle ihrer Traumziele stehen die USA, dicht gefolgt von Kanada.

Wild wuchert das Zuckerrohr im Tal der Ribeira do Paúl auf Santo Antão

Das »Volk des Abschieds« sucht nach sich selbst

Auf den Kapverden, die zu den ärmsten Entwicklungsländern gehören, leben nach neuesten Schätzungen ungefähr 414 000 Menschen; fast 700 000 Kapverdier kehrten den Inseln den Rücken, gingen in die USA, nach Kanada, Angola, Portugal und Holland. »Wir Portugiesen sind ein Volk des Abschieds«, sagte einmal der auf den Azoren geborene Schriftsteller João de Melo in einem Interview. »Seit dem 15. Jahrhundert war dies immer unser Schicksal: reisen, abreisen. Wir waren Seefahrer, haben uns auf dem Meer und in fremden Ländern verloren. Noch heute sind wir auf der Suche nach uns selbst, als wüßten wir nicht, wer wir sind, wieviele wir sind, wie und wann wir in unser Haus zurückkehren werden.« Und dennoch: Die Auswanderer bleiben ein Leben lang mit ihrer Heimat verbunden. Selbst die Kapverdier, deren sonnenverglühte Erde nicht viel verspricht, sehnen sich danach, im Alter zurückzukehren. Tatsächlich kehren viele zurück. Manchmal, scheint es, muß man fortgehen, um die Orte der Gefühle und Geborgenheit zu entdecken. Irgendwann sind sie wieder da, mit lässiger Schirmmütze, amerikanischem Akzent und einem Dollar-Bankkonto, um ein Restaurant zu eröffnen oder ein Taxi zu kaufen. Daß die Emigration derzeit auf allen drei Archipelen stagniert, ist dem Tourismus zu verdanken.

Leidvoll haben die Insulaner in ihrer Geschichte erfahren, auf dem halben Weg zwischen Europa und Amerika vom »Continente« vergessen zu werden. Mit »Continente« meinen sie Festlandportugal mit all der Distanz und Wehmut, die darin zum Ausdruck kommt. Armut, die Entfernung zum Festland und das Gefühl des Alleingelassenseins hat die Menschen geprägt. Madeirenser und Azoreaner als portugiesische Staatsbürger stärker als die Kapverdier, die als Angehörige einer portugiesischen Kolonie stets ausgebeutet wurden. Noch heute wissen manche Kontinentalportugiesen nicht, daß die Azoren zu Portugal gehören. Das schmerzt, geben die Azoreaner zu. Schlimmer noch: »Wenn im portugiesischen Fernsehen ein Micaelense spricht, bringen die vom 'Continente' es fertig, Untertitel einzublenden.« Wegen ihres eigenwilligen Akzentes mit französischem Einschlag. »Und Europa kennt von uns ohnehin nur das Azorenhoch.«

Die »Nelkenrevolution« brachte Autonomie und Selbständigkeit

1974 kam der Schnitt in den Beziehungen zwischen Portugal und den Atlantischen Inseln. Die »Nelkenrevolution« machte der fast 50 Jahre dauernden Salazar-Diktatur ein Ende. Der lange Kolonialkrieg in Afrika, über den das Regime stürzte, tobte auf den Kapverden zwar nie so grausam wie in Angola oder Mosambik, hatte jedoch die gleichen Auswirkungen: 1975 entließ Portugal seine Kolonien in die Selbständigkeit. Seither sind die Kapverden eine unabhängige Republik.

Madeira und die Azoren nutzten die Gelegenheit, sich mehr Autonomie zu verschaffen. Zuvor von Lissabon abhängig, erreichten sie den Status einer »Autonomen Region« mit Selbstverwaltung und eigener Gesetzgebung. Sie stehen allerdings unter der Kontrolle eines Republikministers, und dieser Ministro da República ist für viele Inselbewohner immer noch ein rotes Tuch.

In Tarrafal/Santiago: Kapverdische Frauen tragen alle Lasten auf dem Kopf

Die Hälfte der kapverdischen Bevölkerung ist jünger als 18 Jahre

Die Kapverden sind Inseln der Langsamkeit. Man muß sich Zeit nehmen, um sich auf sie einzulassen und sie zu verstehen. »Eile nicht durchs Leben«, singt die Landesdiva Cesária Évora. »Sei nicht nicht so in Eile. Diese Welt gehört uns. Aber unser Leben ist keine Dauerparty. Sogar Seide kann in Fetzen enden. Lebe langsam, jeder Tag ist ein neuer Tag.«

Blütenkönigin und »Blume des Ozeans«

Großes und kleines Foto: Blumenfest in Funchal.

Funchal ist die Hauptstadt Madeiras. Durch den Zucker stieg sie zur kosmopolitischen Handels- und Hafenstadt auf. Später verhalf der Wein Funchal zu einem neuen Wirtschaftsboom. Dann kamen immer mehr Fremde, um das milde, frühlingshafte Klima, die Parks und Blumen der Inselkapitale zu genießen. »Garten irdischer Lüste« und »Blume des Ozeans« nannte man Madeira damals. Heute hat sich Funchal mit Leib und Seele dem Tourismus verschrieben. Im Konflikt zwischen Wachstum und Natur erliegt die kleine Stadt oft ihren großen Ambitionen.

Wie Leuchtfeuer verbreiten die Blumen, die im Mercado dos Lavradores an zahlreichen Ständen zu haben sind, ihre satten Farben. »Die Strelitzie ist wie Madeira, exotisch und bunt«, nähert sich freundlich eine Blumenfrau. Vorsichtig zupft sie einige heraus und legt ein Blütenmeer aus Orange, Gelb und Blau in ihren Arm. Die aus Südafrika stammende Pflanze sei erst 1778 in Londoner Gärten gebracht worden und von dort nach Madeira, erklärt sie fachkundig. Die Entscheidung fällt schwer, denn neben der extravaganten Inselblume gibt es noch karminrote Gladiolen, scharlachrote Poinsettia-Sterne, blasse und feurige Orchideen. 760 verschiedene Pflanzenarten zählen die Botaniker heute auf der Insel, einheimische wie importierte.

Der Mercado dos Lavradores ist das Aushängeschild der Insel

Madeiras ganze Sinnenpracht zeigt sich im Mercado dos Lavradores, dem »Bauernmarkt«. Die Markthalle von 1941 ist Brennpunkt des städtischen Lebens und präsentiert nahezu alles, was auf dem fruchtbaren Inselboden gedeiht. Süßkartoffeln, Mangos, Papayas, Guaven und Peixe Espada, der köstliche Fisch mit den häßlichen Riesenaugen, sind hier im Angebot. Hektisch strömen die Madeirenser ein und aus; sie registrieren kaum noch die weißblauen Glasurgemälde an den Wänden des Haupteingangs: Kachelkunst mit Szenen aus dem früheren Marktleben. Im Vorraum haben sich die Blumenfrauen in ihrer leuchtendroten Madeira-Tracht mit den bunten Streifen postiert. Im zweistöckigen Atrium sind Obst und Gemüse appetitlich gestapelt. In Kisten liegen Bananen, in Weidenkörben sonnenreife Orangen und die exotischsten Früchte.

Nahezu überall und zu jeder Zeit grünt und blüht es in Funchal

Die Gartenleidenschaft muß eine Art Nationalfieber in der 120000-Einwohner-Stadt sein. Was stört es die Funchalenser da, daß der Himmel wieder grau in grau ist. Es ist mild, wie immer, und Frühling gibt es hier zu jeder Jahreszeit. Auch Regen. Nicht umsonst ist alles so grün. Man läßt sich durch Straßen und Parks treiben und findet, daß irgendeine Blüte immer für die städtische Dekoration sorgt. An Hausfassaden, Fenstern und Grundstücksmauern wuchern rosa Hibiskus, schneeweißer Jasmin, sahniger Frangipani, flammenrote Kamelienbäume, ziegelrote Azaleen, Oleander von weiß bis pink. In der Avenida Arriaga, der städtischen Hauptschlagader, verbreiten Jacarandas von April bis Juni ihren violetten Glanz. In den Parks wie Jardim de São Francisco, Jardim de Santa Catarina, die Quinta das Cruzes oder der Jardim Botánico wachsen Orchideen, farbenprächtige Geranien, Gerbera und Gladiolen zu Prachtexemplaren heran. Hier erfüllen sich Blütenträume. Man darf nur kein

Kreuzfahrtschiff und Fischerboot im Hafen

Im Mercado dos Lavradores

Der schwarze Degenfisch lebt in der Tiefsee und bildet einen Großteil des Fanges der Fischereiflotte

ständiges Blütenmeer erwarten. Krönungsakt der »Blütenkönigin« Funchal ist das Blumenfest, mit dem die Funchalenser im April den Frühling begrüßen.

Schon im 19. Jahrhundert wurde Funchal zum Heiligtum der Blütenpilger und zu einem der ersten Ferienziele Europas. Madeira war wegen seines milden, gesunden Klimas und der üppigen, subtropischen Vegetation bei betuchten Briten in Mode gekommen, die dem naßkalten Winterwetter zu Hause entfliehen wollten. Dichter und Denker verstiegen sich in die blühendsten Phantasien, um den Blütenzauber verbal irgend-

Die Fortaleza de São Lourenço am Hafen

Der Anblick von Kreuzfahrtschiffen und Yachten im Hafen von Funchal gehört heute zum Alltag. In der Marina sammeln sich im Herbst die Transatlantiksegler vor ihrer Fahrt über den Großen Teich. Noch vor hundert Jahren berichteten die Zeitungen detailliert, wenn Schiffe an den Piers festmachten. Die Installation eines Unterwasserkabels von Brasilien nach Lissabon über Funchal 1873/74 war für die Überbrückung der insularen Abgeschnittenheit von großer Bedeutung. Anfangs bot die Ankunft von Telegrammen noch nach Tagen Stoff für Nachrichten.

In der Fischabteilung des Mercado dos Lavradores: Die riesigen Thunfische kommen zerlegt auf die Tische

Der Blandy-Garten ist einer der schönsten Parks Madeiras

wie greifbar zu machen. Diverse Kosenamen wie »Blume des Ozeans«, »Garten irdischer Lüste« oder »Achtes Weltwunder« kursierten.

Reisen war damals ein Luxus, den sich nur wenige leisten konnten. So zog die gute Inselluft hauptsächlich Blaublütige und den Geldadel an. Eine unglaubliche Bauaktivität setzte ein. Architekten von Landvillen hatten Hochkonjunktur. 1891 eröffnete der Schotte William Reid sein exklusives Grandhotel – auf einer Insel, was seinerzeit als ein ziemlich elitäres Unternehmen eingestuft wurde. Wer auf sich hielt, stieg im »Reid's« ab. Funchal wurde zum Treffpunkt europäischer Prominenz, von deren Popularität die Insel bis heute zehrt. Kaiserin Sisi wählte Funchal als Kurort für Seele und Lunge und als Exil vor höfischer Etikette und

Der portugiesische Nationaldichter Luís Vaz Camões schwärmte 1572 in seinem Epos »Die Lusiaden«: »Wenn die Griechen Madeira gekannt hätten, sie hätten keine Zeit verloren, sie der Venus zu weihen.« Göttlich genug muß ihm die Insel erschienen sein. Sogar Napoleon soll gesagt haben, daß er glücklicher sterben würde, wenn die Engländer ihm Madeira als Exil zugedacht hätten. Erst vor gut 200 Jahren wurden neben den einheimischen Pflanzen systematisch Blumen, Sträucher und Bäume aus aller Welt in den Parks und Gärten angepflanzt.

Im Botanischen Garten von Funchal blühen Strelitzien das ganze Jahr über

Vom Botanischen Garten bietet sich ein umfassender Blick auf die Bucht von Funchal

Ruhe und Hektik – Parkidylle versus Metropole

Kakteenzucht im Botanischen Garten

Verpflichtungen. Der britische Premier Winston Churchill verlängerte hier den Sommer, und der Literat Bernard Shaw lernte auf seine alten Tage noch tanzen.

Das Image als mondänes Altenteil und Winterdomizil tuberkulöser Aristokraten, ausgebrannter Künstler und Politiker hat Funchal abgelegt. Dafür hat der Massentourismus gesorgt. Seit der Eröffnung des Flughafens 1964 hat Funchal sich zu einem touristischen Vollblut entwickelt. Von den gut 18 000 Hotelbetten Madeiras stehen nur 4000 nicht in Funchal. Jährlich reisen rund 600 000 Touristen an, davon Zweidrittel mit Ziel Funchal. Nirgendwo auf der Insel konzentriert sich die Tourismusfabrik so wie im Ballungsraum der Südbucht. Auch hieran merkt man: Funchal ist Madeira, und Madeira ist Funchal. In der Metropole laufen alle Fäden und alle Aktivitäten zusammen.

In der Avenida Arriaga wimmelt es nur so von Touristen, geschäftigen Funchalensern und Autos. Alle drängen durch das Nadelöhr zu Geschäften, Banken, Rent-a-Car-Vertretungen, Sehenswürdigkeiten oder dem Turismo, der Touristeninformation. Alle raufen sich hier die Haare, ob wegen der Staus, des Lärms oder der Abgase. Zu den Stoßzeiten warten die Taxifahrer vor ihren zitronengelben Karossen mit dem blauen Streifen oft vergeblich auf Kunden; zu Fuß kommt man besser voran. Im Zentrum hat Funchal etwas ungetrübt Großstädtisches. Nach Geschäftsschluß klingt der Trubel blitzschnell ab. Die Touristen ziehen sich in ihre Hotels zurück, die Funchalenser in ihre Häuser. Ein paar Spaziergänger bleiben übrig, Liebespärchen auf den Bänken und der Kaimauer in der Avenida do Mar. Nachtleben spielt sich auf einem anderen Pflaster ab, in der Hotelzone im Westen Funchals.

Madeira lebt mit den Licht- und Schattenseiten des Tourismus

Mehr als jeder andere Wirtschaftszweig hat der Tourismus den Funchalensern Wohlstand und Entwicklung gebracht. Rund 85 Prozent der Bevölkerung Madeiras lebt vom Tourismus, arbeitet in Hotels, Restaurants, Bars und Souvenirshops, die sich in der Avenida do Infante und der Estrada Monumental über Kilometer aneinanderreihen.

Doch Funchal bekommt auch die Schattenseiten zu spüren. Uferlos ist die Stadt über sich hinausgewachsen. Den Westen Funchals mit seinen Steilklippen opferten Hoteliers ihrer Gigantomanie. Im Zentrum wurden die drei Flüsse, die einst frei in die Bucht mündeten, in ein Korsett aus Beton gezwängt; zum Glück verdecken violette Bougainvilleen die Mauern und den Sperrmüll, der hier einfach abgeladen wird. Keinen Sichtschutz haben die hohen Betonpfeiler, die die landfressenden Schnellstraßen und Brücken halten, die im Umfeld Funchals aus dem Boden gestampft werden. Küste und Gebäude verschwanden beim Flughafen in Santa Cruz, dessen Piste um gut zwei Kilometer verlängert wird, unter dem Asphalt. Wenn der mit EU-Mitteln finanzierte Bau fertig ist, sollen noch mehr Touristen kommen. Während in Funchal investiert und die Stadt auf

Hochglanz gebracht wird, verarmen die Peripherie und Landbezirke, wo Kinderarbeit, Fehlernährung und Bettelei zum Alltag gehören.

Auf einem hohen Felsen oberhalb der Bucht, am Ende der Avenida Arriaga, befindet sich das zentrale Nervensystem der Insel. Im Santa-Catarina-Park thront die quietschrosafarbene Quinta Vígia, in der die Politik für Madeira gemacht wird. Unter dem Motto »Fühlen Sie die Natur um sich herum« hat die Regionalregierung zugleich Massentourismus und Qualitätstourismus auf ihre Fahnen geschrieben, ein schmerzhafter Spagat. In der offiziellen Entwicklungsstrategie von 1997 beschränkte sie zwar die Bettenzahl auf 20000 bis zum Jahr 2000. Doch daran glaubt niemand so recht. Manche sehen schon jetzt in Funchal mehr ein häßliches Häusermeer als die »Insel des ewigen Frühlings«. Hartnäckig hält sich das Gerücht, der heimliche Wunsch des madeirensischen Regierungspräsidenten Alberto João Jardim sei die jährliche Ankunft von vier Millionen Touristen. »Der Bauwahn entspricht dem Größenwahn unseres Fürsten«, erwidert dazu ein politischer Gegner lapidar.

Der moderne König von Madeira: Alberto João Jardim

Auf dem Regierungsstuhl in der Quinta sitzt Alberto João Jardim, Sozialdemokrat und Präsident der Região Autónoma da Madeira. Er gehört mittlerweile zum Inventar. Seit 1976, seit Beginn der Autonomie, herrscht der 56jährige im Inselstaat wie ein König. Er gibt sich jovial, und die Leute mögen das. Die meisten Madeirenser sehen in ihm den Patriarchen, der sich für »seine« Insel in Lissabon einsetzt. Seine Gegner befinden sich überwiegend auf dem Festland, wo ihn die Portugiesen für einen selbstherrlichen Diktator halten. So verbuchte Jardim bei den Regionalwahlen Ende 1997 mit 53 Prozent sogar noch einen Stimmenzuwachs gegenüber den Wahlen von 1993. »Der Grand Seigneur von Madeira«, schrieb die große Lissabonner Tageszeitung »Diário de Notícias«, »hat es wieder einmal bewiesen. Der Archipel ist noch 'oranger' geworden als er es je war.« (Auf Madeira sind die Sozialdemokraten orange.) Eine von Stürmen, Erdbeben und Armut geschüttelte, tief religiöse Bevölkerung sucht nach Werten. Im Jahr 2000 will »Mister XL« (Extra Large),

Das Herz der Altstadt bildet die Kathedrale Sé, die 1514 fertiggestellt wurde

Der Bodenschmuck ist typisch für Funchal

Azulejos: Kachelbilder in der Avenida Arriaga

wie Zyniker ihn nennen, seinen Abschied aus der Politik nehmen. Bis dahin will er die politische Landkarte der Insel ganz »orange« gefärbt haben.

Nur wenige Schritte vom Residenzhügel entfernt, gerät man mitten hinein ins Spannungsfeld insularer Machtpolitik. Hier residiert der Ministro da República, Lissabons »Kontrollminister«, der die politischen Schritte des Regierungspräsidenten überwacht. Schutzsuchend ist er in der Fortaleza de São Lourenço in Deckung gegangen. Wuchtige Kanonen ragen aus dem mächtigen Festungsbau von 1513 heraus. Am Haupttor schieben schwerbewaffnete Soldaten Wache. Der »MR« muß jedem selbstbewußten Regierungspräsidenten wie ein Stachel im Fleisch erscheinen, doch sein Einfluß ist ohne Zustimmung der portugiesischen Nationalversammlung nicht zu schwächen.

Tea Time im »Reid's Hotel«

Im Zentrum der Altstadt steht die Kathedrale Sé

Die Kathedrale am Ende der Avenida Arriaga ist das Herzstück der Altstadt. Fußgängerzonen, Cafés und internationale Modegeschäfte haben deutlich die Moderne eingeläutet. Doch noch immer spürt man auch das Flair einer süßen, weinseligen Vergangenheit. Auch, daß sie vorüber ist, den Hauch von Morbidität, etwas wie auf Hochtouren abrupt Abgebrochenes, zu eng Gewordenes.

Statue des Entdeckers Zarco auf der Kreuzung Av. Arriaga / Av. Zarco

Madeiras Hauptstadt soll ihren Namen vom wild wachsenden Fenchel – portugiesisch »Funcho« – haben. Diese Gewürz- und Gemüsepflanze soll noch vor Zucker und Wein das erste Kulturgewächs auf Madeira gewesen sein. Wo sich heute die Stadt Funchal ausbreitet, lobte einst der Chronist Gaspar Frutuoso im 16. Jahrhundert den wunderschönen Baumbestand und die weiten Fenchel-Felder, die bis ans Meer heranwuchsen. Im Mittelalter galt der Saft des Doldenblüters als Medizin für die Augen. Da der Entdecker Zarco an einem Augenfehler litt, soll er den Fenchel angepflanzt haben.

Das damals völlig überdimensionierte Gotteshaus entspricht der Bedeutung, die es für den Bauherrn König Manuel I. symbolisierte: Funchal, ein Meilenstein des portugiesischen Kolonialismus und Metropole des »weißen Goldes«, des Zukkers. Für die portugiesische Krone war die Insel ein ideales Sprungbrett zur Erkundung Afrikas.

Gleich nach der Entdeckung der Insel Anfang des 15. Jahrhunderts ordnete Heinrich der Seefahrer den Anbau von Weizen und Wein an, die Grundlage

Reichgeschmückter Wagen beim Blumenfest

jeder »Raststätte« an einer stark befahrenen Schiffahrtsroute. 1425 ließ er Zuckerrohrstecklinge aus Sizilien kommen. Das war der Start für Funchals Erfolgsstory.

Mit den Zucker kam der Wohlstand auf die Insel

Im Umfeld der Kathedrale Sé, mit deren Bau erst 1493 begonnen wurde, experimentierten die Großgrundbesitzer in einer Baumschule mit den Setzlingen. Die Resultate waren aufsehenerregend. 1456 erreichte die erste Zuckerladung das englische Bristol. Schnell sprach sich herum, daß mit den kleinen Kristallen großes Geld zu machen war. Im Eiltempo stieg Funchal zum wichtigsten europäischen Handelsplatz für Zucker auf und verwandelte sich in eine pulsierende, kosmopolitische Hafenstadt. Kaufleute drängelten sich in den Straßen, Handelsflotten aus Flandern, Italien und England gingen vor Anker. Schwer beladen verließen die Zuckergaleonen den Hafen. Die Arbeit auf den Plantagen erledigten afrikanische Sklaven – Mauren,

Die große Parade mit Blumenwagen am letzten April-Sonntag ist der Höhepunkt des Fests

Straßen ...

... und Menschen werden geschmückt (unten)

Wochen vor dem großen Ereignis im April bricht in Funchal und Umgebung Hektik aus. In jeder freien Minute dreht sich alles nur noch um das Blumenfest. Motive und Design für die Festzugswagen werden entworfen, Tausende Blumen aller auf der Insel vertretenen Gattungen geschnitten, gebunden, gewunden und gesteckt. Fenster und Häuser werden geschmückt, Kinder trainieren ihren großen Auftritt.

Viele Motive für das Blumenfest stammen aus dem Meer und dem Pflanzenreich

Berber und Schwarze. Mitte des 16. Jahrhunderts bot Funchal für damalige Maßstäbe großstadtartige Verhältnisse.
Auf dem Weg zum Kai entstand 1477 das erste Zollhaus, die Alfândega Velha, in dessen barockem Nachfolgebau seit 1987 das Regionalparlament tagt. Jenseits der Sé, an der Praça do Município, prangt über dem Rathaus das Stadtwappen, das mit seinen fünf Zuckerhüten Bände spricht über die Bedeutung und Hoffnungen, die mit dem süßen Stoff verbunden waren.
Noch heute blicken die Funchalenser mit Stolz auf diese Glanzzeit zurück, auch wenn nur wenig geblieben ist: Ein paar Straßennamen wie Rua da Mouraria (Straße des Maurenviertels) und Rua dos Caixeiros (Straße der Kistenmacher), eine Handvoll stattlich geschmückter Kirchen, wie Santa Clara und São Pedro, sowie ein paar Ausstellungsstücke, die als Spiegel des luxuriösen Lebensstils reicher Funchalenser in den Museen der Stadt zu sehen sind.

Der Zuckerkonkurrenz aus Übersee war Madeira nicht gewachsen

Doch schon um 1500 war die Grenze des Wachstums erreicht. Der Boden war ausgelaugt, der Getreideanbau verdrängt. Brot wurde zur Mangelware. Mit Brasilien und der Karibik wuchsen potente Konkurrenten heran. Immer häufiger kreuzten Piraten vor der Bucht, deren schwersten Angriff 1566 unter dem französischen Korsaren Bertrand de Montluc auch die eilig gebaute Fortaleza São Lourenço nicht standhalten konnte. Der Niedergang Funchals war nicht mehr aufzuhalten. Um 1650 war der Madeira-Zucker vom Markt praktisch verschwunden.
Wie in der »guten Stube« Funchals fühlt man sich an der Praça do Município. Man sieht den Platz und kürt ihn gleich zum schönsten der Stadt. Ein gesellschaftlicher Sinn war ihm offenbar nicht zugedacht, denn es gibt nur ein Café, und auch die Funchalenser kommen nur in ernsten Angelegenheiten her. Im barocken Prunkpalast des Rathauses beantragen sie Lizenzen und lösen Strafzettel aus.
In der Jesuitenkirche, die sich streng und majetätischer gibt als die weltliche Macht, erbitten Gläubige das Seelenheil. Im ehemaligen Jesuitenkolleg, das ab 1569 eine elitäre Lehranstalt für die Söh-

ne reicher Väter war, plagen sich seit den 1980er Jahren wieder Studenten mit Lehrbüchern herum. Der einstige Bischofspalast wendet dieser »Lehranstalt« seine Rückseite zu.

Gut ein Jahrhundert nach dem Zukker-Desaster war es der Wein, der Funchal zu einem neuen Wirtschaftsboom verhalf. Die bereits ansässigen englischen Kaufleute wandten sich dem Geschäft mit dem Wein zu und schufen sich wahre Handelsimperien. In Funchal hatten sie ihre Kontore, hier lagerten sie den kostbaren Rebensaft. Denn nicht die Winzer keltern, lagern und vermarkten den Wein, sondern die Companies.

Madeirawein muß man probiert haben

Der São Francisco Wine Lodge ist ein kleines Weinmuseum angeschlossen

Strenge Kontrolle: Die richtige Lagerung entscheidet über Qualität des Madeiraweins

Namen wie »Cossart Gordon« von 1745, »Leacock's« von 1760, »Blandy's« von 1811 oder »Miles« von 1878 zieren seit Jahrhunderten die Flaschenetiketten.
Die größte Handelsgesellschaft der Insel ist die Madeira Wine Company, die über 120 Madeiramarken verkauft. Das Besondere an den großen Madeiras ist die lange Faßlagerung unter dem Dach der Kellerei. Dabei findet ein vollständiger Oxydationsprozeß statt, der den Rebensaft so haltbar macht. Mit zunehmendem Alter entwickelt er seine bräunliche Farbe, er »madeirisiert«. An den Wänden setzt sich Karamel ab, wonach der Wein dann auch schmeckt.

Für Madeirawein könnte man seine Seele verkaufen

Ein Wein sei ihm unvergeßlich, schwärmte einmal Michael Broadbent, Leiter der Weinabteilung des Londoner Auktionshauses Christie's. »Der 1862er Terrantez von H. M. Borges. Man öffnet ihn, trinkt ein Glas, macht den Korken drauf, kann ihn ein Jahr aufheben – und dann schmeckt er noch so gut wie am ersten Tag.« Wer wie Shakespeares Falstaff seine Seele für Madeirawein verkaufen will, hat in den vielen Weinhandlungen reichlich Gelegenheit.
Der Hafen ist immer noch das Herz der Stadt. Im kaum bewegten Wasser dümpelt eine stattliche Anzahl Yachten vor sich hin. Ein weißer Luxusliner liegt an der Mole. Auf dem Weg von Amerika und Afrika nach Europa laufen die Kreuzfahrtschiffe regelmäßig in Funchal ein, spukken ihre Hundertschaften zum Landgang, Fotografieren und Einkaufen aus. »Das ist wie ein Überfall«, stöhnt eine Eis-Verkäuferin an der Promenade der Avenida do Mar, die hier auch ohne die reichen Cruiser ihr Geschäft macht.

Wie sich die Zeiten ändern. Früher war die Ankunft eines Schiffes ein gesellschaftliches Ereignis, neben Hochzeit und Beerdigung die einzige Abwechslung. Die Schiffe standen an erster Stelle. Sogar die Zeitungen berichteten über ihre Ankunft. Sie bedeuteten Begegnung, Geselligkeit, Sehnsucht nach dem Unbekannten »und die tröstliche Gewißheit, daß der Rest der Welt Madeira noch nicht vergessen hatte«, schreibt Helena Marques in ihrem Buch »Raquels Töchter« über das eintönige Inselleben vor hundert Jahren. Wenn einem der Wind auf den Holzplanken der Hafenstege genug um die Nase geweht ist, hat man gelernt, dieses Gefühl zu verstehen.

Karte: Seite 112/113, Planquadrat F 6.

Anreise: Direktflüge mit der TAP Air Portugal via Lissabon sowie mit diversen Chartergesellschaften wie LTU, Condor und Hapag Lloyd.

Unterkunft: Luxusklasse: Seit 1891 ein Klassiker der Grandhotellerie, das »Reid's«. Britisches Understatement von der Rezeption bis zur Cocktailbar, altmodischer Luxus, Krawattenzwang im Restaurant und ächzende Fahrstühle. Traditioneller Five o'clock-Tea, very british, auch für Nicht-Gäste (15–18 Uhr): sagenhafter Ausblick auf Funchals Bucht und unübertroffene Sandwiches (189 Zi., Estrada Monumental 139, Tel. 091/7007171, Fax 7007177). Ein perfekt modernes First-class-Haus mit stilvoll-legerer Atmosphäre ist das »Cliff Bay Resort«. Selten schöne Lage am Klippenrand, Meerblick, großzügige Zimmer, breites Sportangebot (214 Zi., Estrada Monumental 147, Tel. 7070707, Fax 762524).
Komfortklasse: Die Albergaria »Quinta da Penha de França« bietet die Atmosphäre eines ehemaligen, absolut luxuriösen Pfarrhauses, Meerblick und Tropengarten (74 Zi., Rua da Penha de França 2, Tel. 229087, Fax 229261). Gemütliche, familiäre Landhausatmosphäre schafft die »Vila Vicência«. Der subtropische Garten ist pure Erholung (30 Zi., Caminho Velho da Ajuda 45, Tel. 61527, Fax 61538).
Landhausstil/Tourismo de Habitação: »Quinta da Fonte« nennt sich die madeirensische Villa von 1850. Gediegene Eleganz, Möbel im altportugiesischen Stil. In einem Garten am Stadtrand (5 Zi., Estrada dos Marmeleiros 89, Tel. 23597).

Schlicht und preiswert: Das Aparthotel »Castanheiro« in ruhiger Zentrumslage (24 Appartements, Rua do Castanheiro 21, Tel. 227060, Fax 227940). Ein einfaches, ordentliches Residencial ist die »Vila Terezinha« mit allem, was man braucht (22 Zi., Rua das Cruzes 21, Tel. 741723).

Essen: Schick und teuer: Ein madeirensischer Gourmettempel auf italienisch, die »Trattoria Villa Cliff« (Estrada Monumental 139, Tel. 763001). In der »Casa dos Reis« wird französisch gekocht. Ein Genuß der Sonnenuntergang auf der Terrasse des Restaurants (Rua Imperatriz D. Amélia 101, Tel. 225182).
Im Erdgeschoß der »Casa Velha« befindet sich die Aperitif-Bar, im ersten Stock das Feinschmeckerlokal (Rua Imperatriz D. Amélia 69, Tel. 225749).
Ungewöhnliche Restaurants: Gourmetküche mit kleinen Abstrichen – Schüler der madeirensischen Hotelfachschule erproben das Gelernte am Gast. Stilvolles Ambiente, paradiesischer Garten. Unbedingt vorbestellen in der Quinta Magnólia (Tel. 229083, Mittagessen: Mo bis Fr 13–14 Uhr, Nachmittagstee: Mo–Fr 16 Uhr). Urig eingerichtet, köstlich der frische Fisch und die Meeresfrüchte im »Solar do F« (Avenida Luís de Camões 19, Tel. 220212). Kühles Neonlichtambiente zu guter madeirensischer Küche, ein origineller Kontrast, im »Londres« (Rua da Carreira 64 a, Tel. 235329).
Schlichte Restaurants: Schmackhafte Regionalgerichte serviert das »Cá te espero« (Caminho Velho da Ajuda 38, Tel. 765096). Spanferkel, Zicklein, Meeresfrüchte, gemütlich und freundlich, im »Marisa« (Rua de Santa Maria 162, Tel. 226189). Immer viel los ist hinter der Brettertür des »Jaquet« (Rua de Santa Maria 5a, Tel. 225344). Fisch ist Spezialität im »Jango« (Rua de Santa Maria 166, Tel 221280).
Café: Mit italienischem Flair und studentischem Publikum, das »Café do Teatro« (Avenida Arriaga).

Nachtleben: Witzig und gute Adresse für Cocktails, das »Berilights« (Estrada Monumental, beim Lido). Superschick im Jugendstil ist »Manny's Bar« (Quinta Palmeira, Avenida do Infante 5). Ein Schickeriatreff ist »Salsa Latina«, Live-Musik (Rua Imperatriz Dona Amélia 101–103). Kleine Bar mit wechselnder Live-Musik, auch Fado, im »Marcelino Pão e Vinho« (Travessa das Torres 22). Über Nacht reich werden oder alles verlieren kann man im »Casino de Madeira«. 200 Slotmachines lassen die Münzen klingen, französisches und amerikanisches Roulette und Blackjack. Krawatte und Personalausweis mitbringen (Avenida do Infante).
Diskotheken (frühestens ab 23 Uhr): Pop und Rock im »As Vespas« (Avenida Francisco Sá Carneiro 7). Flotter Sound für internationales Publikum im »Farol Vermelho« (»Hotel Madeira Carlton«, Largo António Nobre). Fadolokal: »A Brisa« (Estrada Dr. João Abel de Freitas, Tel. 742294).

Sehenswürdigkeiten: Der »Mercado dos Lavradores« (Bauernmarkt) mit Gemüse-, Obst- und Frischfischabteilung (siehe Stadtplan, Planquadrat E 2; Rua Dr. Fernão Ornelas, Mo–Fr 7–20 Uhr, Sa 7–14 Uhr). Der ursprünglich manuelinische Stil der Kathedrale Sé ist noch am könig-

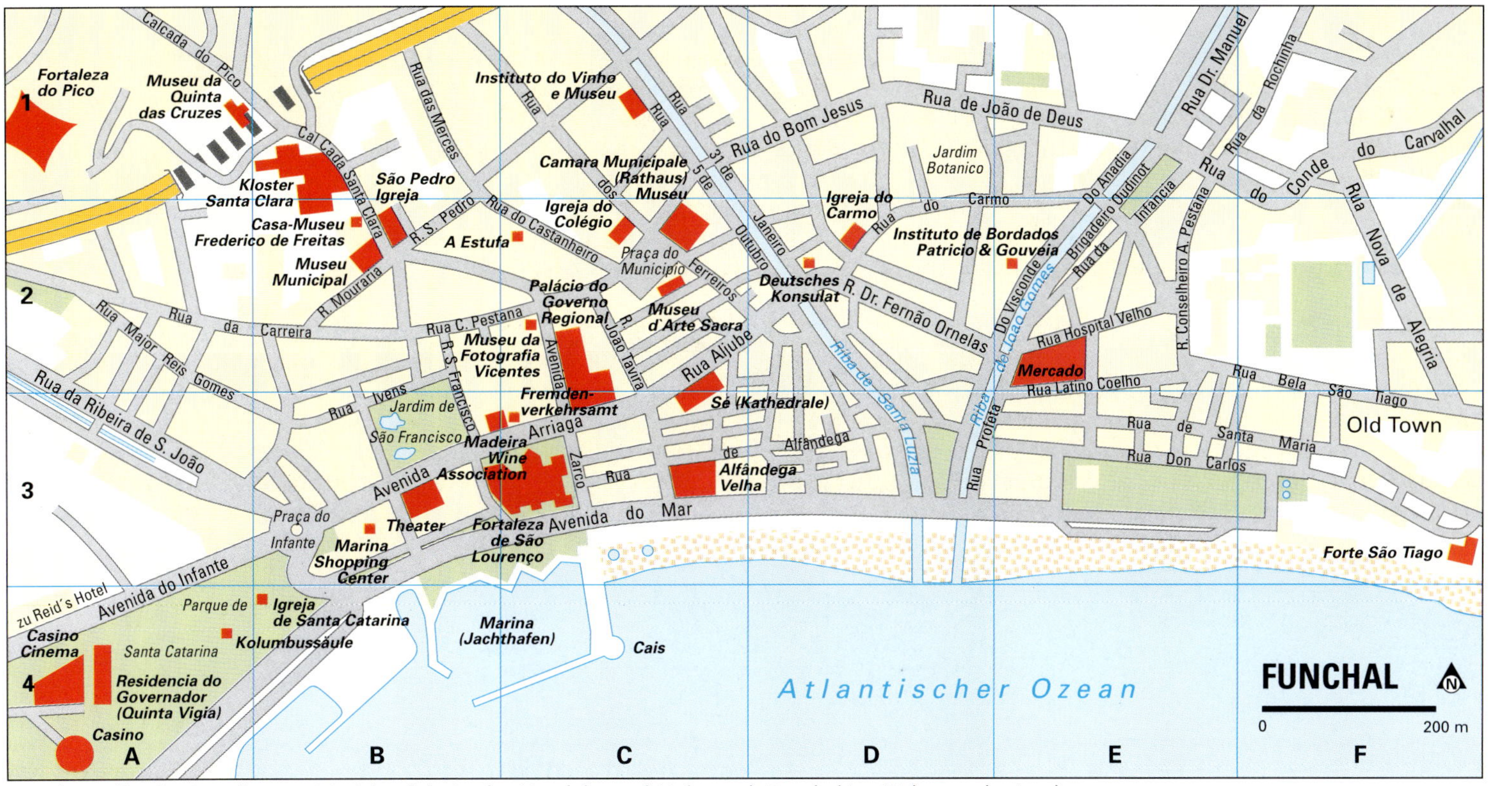

Fast die Hälfte der Bevölkerung Madeiras lebt in der Handels- und Hafenstadt Funchal im Südosten der Insel

Hotelgründer William Reid ließ 1891 sein Grandhotel am Rand einer Klippe errichten

lichen Wappen über dem Portal und dem Kreuz der Christusritter als Giebelschmuck zu erkennen, im Innern an der mudejaren Deckenmalerei, der Kanzel und dem Taufbecken (C 3; Rua da Sé, tgl. 9–11 und 16–17.45 Uhr).

Weltliche und kirchliche Macht präsentieren sich an der majestätischen Praça do Município (C 2) mit ihrem dekorativen Pflastermosaik in einem harmonischen Barock-Ensemble: Die strenge, wuchtige Igreja do Colégio der Jesuiten (16. Jh.) mit reicher Dekoration an Azulejos, Talha Dourada und Gemälden. Daneben das Rathaus, Produkt des Bürgerstolzes aus dem 19. Jh., der ehemalige Bischofspalast (17. Jh.) und einige Bürgerhäuser. In der Platzmitte der manuelinische Pranger mit Armillarsphäre, Kreuz der Christusritter und portugiesischem Wappen. Vom alten Zollhaus von 1477, »Alfândega Velha«, stammt nur noch das manuelinische Nordportal in der Rua da Alfândega, sonst barock. Seit 1987 Sitz des Regionalparlaments und nur außerhalb der Tagungszeiten zu besichtigen (C 3; Avenida António José de Almeida).

Schutz vor Piraten boten die »Fortaleza de São Lourenço« (16. Jh.), erste Festung auf Madeira (C 3; Largo da Restauração), und die »Fortaleza do Pico« (17. Jh.) auf einem Berg über Funchal (A 1; Calçada do Pico); bei beiden keine Innenbesichtigung. Liebhaber von Azulejos und Talha Dourada (siehe S. 7, Bildlegende) gehen ins Convento de Santa Clara (B 1; Calçada de Santa Clara) und in die Igreja de São Pedro (B 2; Rua de São Pedro).

Garten, Palmen, Vogelkäfige, die Kapelle Santa Catarina von 1425 und einen Blick auf die Bucht bietet der »Parque de Santa Catarina«, auch »Stadtpark« genannt (A 1; Avenida do Infante).

Ausflug: Für Blumenfans: In »Blandy's Garden«, angelegt im 19. Jh., wachsen diverse endemische Pflanzen (9 km außerhalb Funchals auf der EN 102 Richtung Camacha, Mo–Fr 9.30–12 Uhr). Der »Botanische Garten« (Jardim Botánico), beliebt und überlaufen, mit Baumriesen und Orchideengarten (D 1; Rua Pita da Silva 37, Quinta do Bom Sucesso, tgl. 9–18 Uhr).

Museen: Eine Vorstellung von der Wohnkultur des reichen madeirensischen Bürgertums vom 13.–19. Jh. vermittelt die »Casa-Museu Frederico de Freitas« (B 2; Calçada de Santa Clara, Di–Sa 10–12.30 und 14–18 Uhr). Portugals erstes Fotoatelier im Originalzustand von 1865 mit Kameras, Leuchten und Kulissen, das »Museu da Fotografia Vicentes«. Fotodokumentation (C 2; Rua da Carreira 43, wegen Umbau z. Zt. geschlossen).

Die Welt der Fässer und Trauben betritt man im »Museu da Madeira Wine Association/Adegas de São Francisco«. Führungen, Weinprobe und Verkauf (C 3; Avenida Arriaga 28, Weinkeller Mo–Fr 9.30–13, 14.30–18.30, Sa 9.30–14, Führungen um 10.30, 15.30, Sa um 11 Uhr). Einen Überblick über die Geschichte des Madeiraweins verschafft das »Museu do Vinho« (C 1; Instituto do Vinho e Museu, Rua 5 de Outubro 78, Mo–Fr 9.30–12 und 14.30–17 Uhr).

Nightlife im »Salsa Latina« in Funchal

Sakrale Kunst, kostbare flämische Gemälde aus der Zeit des Zuckerbooms, zeigt das »Museu d'Arte Sacra«. Auf Knopfdruck Kirchenmusik, sehr stimmungsvoll (C 2; Rua do Bispo 21, Di–Sa 10–12.30 und 14.30–18 Uhr). Eine Sammlung zur madeirensischen Flora, Fauna und Geologie findet man im etwas altmodischen »Museu Municipal« (B 2; Rua da Mouraria 31, Di–Fr 10–18 Uhr, Sa/So 12–18 Uhr). Eine seltene Mischung aus Archäologie, bürgerlicher Wohnkultur vom 17.–19. Jh. und herrlicher Parkanlage wartet im »Museu da Quinta das Cruzes« (A 1; Calçada do Pico 1, Di–So 10–12.30 und 14–18 Uhr). Feine Madeira-Stickereien, Gobelins und Trachten stellt das »Instituto de Bordados, Tapeçaria e Artesanato de Madeira« aus (E 2; Rua do Visconde do Anadia 44, Mo–Fr 9.30–12 und 14.30–17 Uhr).

Shopping: Exotische Blumen, versandfertig, verkauft »A Estufa« (Rua do Castanheiro 39). In der »Casa do Turista« findet man jedes madeirensische Souvenir (Rua Conselheiro José Silvestre Ribeiro 2). Ein Haus voller Bordado-Spitzen unter dem Dach von »Patrício & Gouveia« (Rua do Visconde do Anadia 34). Gute Auswahl an Madeiraweinen haben »O Barril« (Rua de São Francisco 2) und »Vinho Barbeito« (Estrada Monumental 145).

Feste: Vier Tage Karneval mit farbenprächtigen Umzügen, Sambarhythmen und knappen Flitterkostümen, am Karnevalsdienstag Cortejo de Trapalão (»Umzug der Tölpel«) mit ulkigen Masken. Die »Festa da Flor« (Blumenfest) an Ostern mit Blumenumzügen und blumengeschmückter Stadt. Höhepunkt der Feste: Silvester mit Lichterketten in den Straßen, Kreuzfahrtschiffen aus aller Welt im Hafen. Mitternacht zehnminütiges Feuerwerk und Konzert der Schiffssirenen.

Sport: Freizeitbad Lido mit Swimmingpools, Meerwasserschwimmbad, Sonnenterrassen, Bars, Restaurants, Wassersport (Rua do Gorgulho, Sommer tgl. 8.30–19 Uhr, Winter 9–18 Uhr). Golf: 18-Loch-Parcours von Palheiro-Golfe (São Gonçalo, Tel. 792116). Reiten: Associação Hípica da Madeira (Quinta Vale Pires, São Gonçalo, Tel. 792582). Tennis: Quinta Magnólia (Rua Dr. Pita, Tel. 763237).

Information: Direcção Regional do Turismo e Cultura, Avenida Arriaga 18, 9000 Funchal, Tel. 229057.

Oscar Niemeyer baute das Kasino von Funchal

Nachts erstrahlt die Bucht der 120000-Einwohner-Stadt Funchal im Lichtermeer

Tradition und Modernität – Arbeit und Luxus dicht beieinander im Hafen

Modernes Funchal

Das nächtliche Lichtermeer in Funchals Bucht gibt einen Vorgeschmack auf den Höhepunkt des Jahres: Silvester. Dann werden die Straßen der Insel-Hauptstadt mit Lichterketten aus 260 000 Glühbirnen erleuchtet. Wenn um Punkt 0 Uhr das neue Jahr beginnt, wird es mit einem zehnminütigen Feuerwerk begrüßt, das inzwischen Weltruhm genießt. Die vielen Kreuzfahrtschiffe haben dann die Hafenbucht verlassen, weil sich das Spektakel am besten von der Seeseite beobachten läßt – oder in 300 Metern Höhe über der Stadt vom Pico dos Barcelos.

Im Barock wurde die Kirche des Santa-Klara-Klosters aufwendig umgestaltet

FUNCHAL

Wo man mit Touristen Schlitten fährt

Großes Foto: Korbschlittenfahrer in Monte. Kleines Foto: Blick über die Ponta de São Lourenço.

Die bekannteste Touristenattraktion des Ostens sind die Korbschlittenfahrten in Monte. Seit 150 Jahren gibt es dieses ungewöhnliche Verkehrsmittel schon. Auch die zahlreichen Weidenflechter gehen in Camacha wie eh und je ihrem mühsamen Handwerk nach. Doch sonst hat sich die sonnenverwöhnte Region grundlegend verändert: Sie hat sich den fremden Urlaubern geöffnet. Grüne Hänge wurden mit Hotels und Villen reicher Überwinterer bebaut und von Parks umgeben, Walfänger sattelten zu Tierschützern um.

Selten so rasant gerät eine Fahrt mit den Korbschlitten in Monte

Neugierig nähert sich ein zitronengelber Zackenbarsch mit seinen Wulstlippen der Taucherbrille, ein Rochen schwebt vorbei, ein Papageienfisch trägt sein Farbenkleid zur Schau – Karneval der Unterwassertiere. Auch die Kleinen sind dabei – Oktopusse, Seepferdchen und Schnecken – und, weiter draußen, die Großen: Wale, Delphine und Mönchsrobben. Bunt und artenreich ist die Unterwasserwelt vor Madeiras Südküste. Die Fischschwärme sind an die Taucher gewöhnt, und an den Tauchbasen von Garajau bis Machico schwärmen alle von ihrer Farbenpracht und Zutraulichkeit.

Das Meer vor der Südküste Madeiras wurde 1986 zum Nationalpark erklärt und bietet paradiesische Zustände. Die vom Aussterben bedrohten Mönchsrobben, die sich im Schutz der unbewohnten Ilhas Desertas, den »Öden Inseln«, 20 Kilometer südöstlich tummeln, haben sich seither wieder vermehrt. »1998 wur-

Die heute an einigen wenigen Stellen noch vorhandenen Gehwege aus kleinen schwarzen, rundgewaschenen Lavasteinen waren bis vor wenigen Jahren der übliche Straßenbelag in Monte und brachten den Benutzern der Korbschlitten arge Unannehmlichkeiten. Bis 1990 begann die Rutschpartie sogar noch 300 Meter höher in Terreiro da Lufa. Die weiße Kleidung und der Strohhut sind den Carreiros seit 1931 gesetzlich vorgeschrieben. Die »Schlittenfahrer« sind heute in Genossenschaften zusammengeschlossen, die auch den Transport der Schlitten und Fahrer an den Ausgangspunkt organisieren.

Eine lange Treppe führt zur Wallfahrtskirche Nossa Senhora do Monte

Azulejo-Aufgang im Park des »Palace Hotel« in Monte

»Café do Parque« im Zentrum von Monte

Straßenmusiker in madeirensischer Tracht

den weltweit 91 Tiere gezählt«, weiß der Tierfreund Rui Castro, »26 davon leben bei den Desertas-Inseln.«

Auch der Pottwal braucht Harpunen nicht mehr zu fürchten, denn seit 1981 wird sein Name auf der Liste des Washingtoner Artenschutzabkommens geführt. Madeira verbot den Walfang in seinen Hoheitsgewässern. In den vier Jahrzehnten bis 1981 hatten die Fischer von der Walfangstation Caniçal noch 5885 Pottwale erlegt. Inzwischen kämpfen einige von ihnen zusammen mit Tierschützern um das Überleben der großen Meeressäuger. Vom Fischfang leben heute nur noch wenige; der kleine Hafen von Caniçal wirkt recht abgetakelt. An den beißenden Gestank, der bei Ostwind von Caniçal über die Südküste wehte, wenn in der »Fábrica de Baleias« die dicke Speckschicht der Riesentiere zu Margarine und Seife verkocht wurde, können sich noch viele erinnern.

Seit die Geruchsschwaden ausbleiben, hat sich die Sonnenseite der Insel zwischen Funchal und Santa Cruz ganz dem Tourismus verschrieben. Die sanft ansteigenden grünen Hänge liefern den Finanzkräftigen die besten Logenplätze. Im Eiltempo verschwand die schöne Landschaft in den letzten Jahren unter Villen, Ferienhäusern und Hotels. Die Südküste mauserte sich zur ranghöchsten touristischen Hochburg nach Funchal und zum Hauptstandort für deutsche und englische Überwinterer.

Monte hat seine besten Tage schon hinter sich

Englische Weinhändler bauten sich bereits im 18. Jahrhundert im parkähnlichen Umfeld von Funchal ihre Landsitze und überboten sich dabei im Anlegen von Gärten und Anpflanzen botanischer Raritäten aus allen Erdteilen. Insbesondere Monte, der Villenvorort 600 Höhenmeter über Funchal, bietet manchmal mit seinem von Nebel durchzogenen Wald eine unwirkliche Atmosphäre.

Bei Europas Aristokraten wurde Monte lange als Luftkurort und ideale Sommerfrische gehandelt. Quintas schossen wie Pilze aus dem Boden, und die einheimischen Besitzer vermieteten sie samt Dienerschaft. In einem Madeira-Reisebuch von 1885 waren 93 Landsitze und Villen aufgeführt. Damals besaß der Tourismus für Monte eine weit größere Bedeutung.

Eine großartige Parkanlage umgibt das »Palace Hotel«

Das alte Luxushotel »Grand Hotel Belmonte« wurde in eine Privatschule umfunktioniert. Das »Palace Hotel« entging knapp dem Verfall, weil es João Berardo, der als Emigrant in Südafrika eine klassische Karriere vom Blumenhändler zum Millionär gemacht hatte, zusammen mit dem tropischen Park »Jardins Monte Palácio« übernahm, renovierte und ausbaute. Besonders schön ist die Gartenanlage: Bemooste Wege, alte Bäume, ein verwitterter Kachelgang, ein Teich mit Koi-Fischen, ein Schwanensee und ein Schloß – wie aus einem Märchen.

Mittelpunkt von Monte ist die sehr aufwendig gestaltete Wallfahrtskirche Nossa Senhora do Monte, die 1470 der Schutzheiligen der Insel geweiht wurde. Da sie dem Andrang nicht mehr gewachsen war, wurde 1818 das heutige Gotteshaus gebaut. In den engen, kurvigen Straßen bricht Mitte August das Chaos aus, wenn aus allen Teilen der Insel die Pilger anreisen. Auch Österreicher trifft man häufig, denn Kaiser Karl I., dessen Frau Zita eine Nichte des portugiesischen Königs war, fand hier 1922 seine letzte Ruhe. Manche hoffen immer noch auf eine Rückführung der monarchischen Gebeine nach Österreich; doch die Alpen-Republik bleibt hart.

Schlicht ist die bäuerliche Tracht in Santana

So idyllisch Landschaft und Leben auch wirkten, viele verfluchten die Geographie. Die großen Höhenunterschiede machten den bequemen Handelsherren und den schwindsüchtigen Aristokraten ziemlich zu schaffen. Für Ochsenschlitten und Pferdewagen waren die Wege zu steil, erst recht für Sänften- und Hängemattenträger.

Nahverkehrsmittel in Monte: der Korbschlitten

Auf der Suche nach einem flotten Verkehrsmittel von seiner hochgelegenen Quinta zum Kontor in Funchal hatte 1849 der Engländer Russel Manners die zündende Idee: der Carro de Cesto. In diesem Korbschlitten, einer Mischung aus Korbsofa und Wäschekorb auf Holz-

Minimarktstand bei São Roque do Faial

Im ländlichen Norden haben sich viele Bräuche und Traditionen erhalten. Dazu gehören die Casas de Colmo, die nicht nur eine Touristenattraktion sind, sondern immer noch regulär bewohnt werden. Bei der Weinlese sieht man in der Gegend von Porto da Cruz noch die Borracheiros, die Wein und Most in Ziegenlederschläuchen transportieren. Früher gingen sie so zu Fuß nach Funchal. Diese Schläuche, Borracho genannt, werden um den Nakken gelegt und mit einem Stirnband festgehalten. Nach dem Entleeren muß der Schlauch, der aus umgestülpter, getrockneter Ziegenhaut hergestellt wird, aufgeblasen werden, weil er sonst brüchig und unbenutzbar würde.

Typisch für Santana sind die Strohdachhütten, Casas de Colmo

Den besten Blick auf den Penha d'Águia, den 590 Meter hohen Adlerfelsen, hat man am Portela-Paß

Zwischen Hang und Bucht liegt Machicos Gartenlandschaft im fruchtbaren Flußtal

kufen, rutschte er von oben in die Stadt hinunter. Zwei Laufburschen lenkten das Gefährt an einem Seil, und sie trugen es hinterher wieder den Berg hinauf.

Die Schlittenfahrt ist die touristische Sensation von Monte. Unterhalb der Stufen zur Wallfahrtskirche liegt der Startpunkt. Die weißgekleideten Carreiros mit ihren gelben Strohhüten warten eher gelangweilt auf Kundschaft. Eine lange Schlange Korbschlitten zieht sich um den Park herum. Halsbrecherisch ist die Zwei-Kilometer-Tour nach Livramento an keiner Stelle, und die Männer müssen häufiger schieben als bremsen. Der glatte Asphaltbelag vermittelt kaum noch ein Gefühl von der früheren Rumpelei auf dem holprigen Kopfsteinpflaster.

Je weiter man nach Osten und Norden kommt, desto seltener werden die Quintas. Machico bemüht sich zwar, Funchal und Santa Cruz als Ferienzentrum nachzueifern, denn von Fischfang und Landwirtschaft allein können die Orte nicht mehr überleben.

Die »vergessene« Hauptstadt: Machico

Doch der Tourismus kommt nicht richtig in Schwung. Dabei hält Machico einige Trümpfe in der Hand. Die Berge hinter Madeiras drittgrößter Stadt formen ein grünes Tal, das direkt in der Bucht mündet. Hinter der Strandpromenade liegt ein Kieselstrand, und in dem gelben Fort Nossa Senhora do Amparo ist eine Tourismusinformation untergebracht.

»Die Regionalregierung vernachlässigt uns gezielt«, beschwert sich der Inhaber eines Restaurants in Strandnähe. »Weil bei uns die Linken regieren.« Machico ist nach den Regionalwahlen von 1997 die letzte Enklave der Sozialisten und »Mister XL« ein Dorn im Auge. Das Ärgste für ihn ist jedoch, daß seine beiden linken Gegenspieler aus der armen Peripherie von Funchal, Mário Tavares und Edgar Silva, die Soutane gegen das rote Parteibuch eintauschten. Wenn João Jardim der Sheriff von Nottingham wäre, sagen scherzhaft die Leute in Machico, dann wären im Kreise der Geächteten Mário Tavares Bruder Tuck und Edgar Silva Robin Hood.

Anfang des Jahres werden die Ruten geschnitten

Daß in der Bucht vom schläfrigen Machico die Geschichte Madeiras anfing, läßt die meisten dagegen kalt. An diesem Ufer ging 1419 João Gonçalves Zarco zuerst an Land und nahm die Insel für Portugal in Besitz. So jedenfalls die offizielle Version. Wenn die Legende von dem aus England geflohenen Liebespärchen Robert Machyn und Anne Dorset wahr wäre, wären es die Engländer gewesen, die sich der Entdeckung rühmen könnten. Der Ritter und seine Geliebte sollen hier bereits 1346 gestrandet sein. Eine Legende, die in diversen Varianten erzählt wird.

57 Jahre war Machico zusammen mit Funchal Inselkapitale

1425 erschienen die ersten Siedler und teilten das Land unter sich auf. Von 1440 an war Machico eine Funchal gleichgestellte Hauptstadt unter Zarcos Entdeckerkollegen Tristão Vaz. 1497 mußte Machico jedoch die Regalien an die Zuckerstadt abtreten, obwohl ihre Erfolgsgeschichte mit der 1452 in Machico zugelassenen Zuckermühle von Diogo de Teive erst begonnen hatte.

Weidenflechter-Werkstatt in Camacha

Zum Trocknen werden die Äste gebündelt

Camacha ist kein besonders attraktiver Ort, dennoch steht er auf dem Programm aller Sightseeingtouren. Seinen Ruhm verdankt er der Korbflechterei, einem der wichtigsten und ältesten Gewerbezweige Madeiras. Überall stehen in den höheren, feuchteren Gegenden Weidenruten. Im Frühjahr werden sie geschnitten, geschält, gekocht, getrocknet und verflochten. Weder die alte kleine, noch die große neue Kirche sind Mittelpunkt des Dorfes, sondern das Café »O Relógio«. Hinter seinen Fassaden verbirgt sich Madeiras größter Korbwarenexporteur, der mangels Absatz auf dem Weltmarkt aus dem Café eine Art touristischen Wallfahrtsort gemacht hat. Auf drei Etagen werden Körbe in allen Größen, Blumenübertöpfe, Tabletts und Möbelgarnituren zum Kauf angeboten. Jeder Dritte in Camacha und Umgebung arbeitet in der Weidenflechterei, die meisten in abhängiger Heimarbeit. »An dem großen Korb sitze ich gut drei Stunden«, erklärt ein Arbeiter am Rand des Dorfes. »Der 'Relógio' gibt mir dafür 500 Escudos; im Laden kostet er 6000 Escudos.«

Dank der Casas de Colmo wurde Santana zum »schönsten Dorf«

Die fruchtbare Landschaft mit Reb- und Gemüsegärten zieht sich bis nach Santana hoch. Eine Fallinie von Nord nach Süd grenzt das besiedelte Madeira gegen die »Terra Incognita« im Westen ab. In dem Küstendorf begegnet man den touristischen Maskottchen der Werbestrategen, den Casas de Colmo. Wegen dieser Bauernhäuschen mit den bis auf den Boden gezogenen Strohdächern und den bunt gestrichenen Fensterläden und Türen erhielt Santana das Prädikat des »schönsten Dorfes«.
Einige der Häuser sind restauriert und für Touristen zum Anschauen hübsch hergerichtet worden. In anderen verbringen vielfach alte Menschen ihren Lebensabend, in einem Ein-Zimmer-Raum mit Dachgeschoß; die Küche wurde wegen der Brandgefahr ausgelagert, oft fehlen Toilette und ein Anschluß an die öffentliche Wasserleitung.

REISE-INFO
MADEIRAS OSTEN

Caniço

Karte: Seite 112/113, Planquadrat F 7.

Anreise: Etwa jede Stunde verkehrt die Linie 2 ab Funchal (Fahrzeit 30 Min.). In den nahen, überaus beliebten Urlaubsort Caniço de Baixo gelangt man ab Funchal mit der Linie 155 (6–13 mal tgl.).

Unterkunft: Modernen Komfort, schnörkellose Eleganz und ruhige Strandlage bucht man im familienfreundlichen »Oasis Atlantic« (122 Zi., Caniço de Baixo, Tel. 934444, Fax 934111). Plätschernde Brunnen und Pfauen geben dem »Inn + Art« eine paradiesische Note, mit Kunstgalerie (10 Zi., Caniço de Baixo, Tel. 938200, Fax 938219). Die »Vila Ventura« ist für Sportler ausgelegt. In Wassernähe, Tauchbasis, Bootsfahrten (22 Studios, Caniço de Baixo, Tel. 934611, Fax 934680).

Essen: Die beste Adresse für Fischgerichte und Meeresfrüchte ist »A Rede« (Caniço de Baixo, Tel. 934427).

Sport: Tauchen für Anfänger und Fortgeschrittene: Atalaia Diving Club/»Hotel Roca Mar« (Tel. 934334), Manta-Reiner/»Hotel Galomar« (Tel. 933011).

Machico

Karte: Seite 112/113, Planquadrat D 9.

Anreise: Etwa jede Stunde kommt man mit den Linien 23, 53, 78, 113 von Funchal in die 12 000-Einwohner-Stadt (Fahrzeit 1 Std.).

Unterkunft: Einziges Hotel (Vier-Sterne-Kategorie) am Ort ist das »Dom Pedro Baía« am Rand der Bucht. Sporthotel mit Tauchbasis, Surfen, Wasserski und Tennis (218 Zi., Estrada de São Roque, Machico, Tel. 965751, Fax 966889).

Essen: Den 20minütigen Gehweg vom Ortszentrum belohnt das »Escondidinho« mit Fischgerichten und Meeresfrüchten (Poço do Gil, Machico, Tel. 965442). Unter der Decke im »Gonçalves« hängen Schinken, die Appetit auf regionale Küche machen (Rua do Ribeirinho, Machico, Tel. 966606). Der höhere Preis im »Mercado Velho« ist ein Tribut an die Stimmung in der alten Markthalle und den herrlichen Lindengarten (Rua do Mercado, Machico, Tel. 965926).

Sehenswürdigkeiten: In Banda d'Além am östlichen Ortsrand sind die Fischer zu Hause. Das Flair aus Algenduft, Netzen und bunten Booten weicht langsam den Cafés und Souvenirshops. Am Ende einer herrlichen Platanenallee befindet sich das gelbe, dreieckige Forte de Nossa Senhora do Amparo von 1706, einst Bastion gegen Seeräuber, heute Tourismusinformation. Als Bastion dagegen kaum noch zu erkennen ist das Forte de São João de Batista von 1708 an der östlichen Buchtspitze. Die manuelinische Pfarrkirche Igreja Nossa Senhora da Conceição erinnert an die einstige Bedeutung von Machico als Hauptort. Sehenswert das Zwillingsportal mit drei Marmorsäulen, die Talha Dourada und die bemalte Kassettendecke.

Ausflüge: In Vila do Caniçal erzählen Fotos, Schrifttafeln und Modelle im Museu da Baleia die Geschichte des Walfangs von der Handharpune über die Verarbeitung zu Tran und Mehl bis zum Walfangverbot. Zur Ausstellung gehören u. a. das Halbmodell eines jungen Pottwals, der Unterkiefer eines ausgewachsenen Pottwals sowie das Halbmodell eines originalen Walfangbootes (Vila do Caniçal, Di–So 10–12 und 13–18 Uhr). Die weit ins Meer hineinragenden Landzunge Ponta de São Lourenço östlich bildet den Kontrapunkt zur grünen Felsenwelt: steppenartige Verhältnisse, Wüste und Prainha, der einzige, wenn auch kleine und lavagraue Sandstrand Madeiras.

Sport: Abschlag über den Wolken mit Blick auf Bergwelt und die Ilhas Desertas im Clube de Golfe Santo da Serra. Drei 9-Loch-Schleifen (Santo da Serra/Santa Cruz, Tel. 552345).

Information: Posto de Turismo, Forte Nossa Senhora do Amparo, Machico, Tel. 962289.

Monte

Karte: Seite 112/113, Planquadrat E 7.

Anreise: Das meistbesuchte Ausflugsziel ist mit den Linien 20 und 21 (ab Avenida do Mar/Funchal) etwa jede halbe Stunde zu erreichen (Fahrzeit 30 Min.).

Essen: Regionalküche (an der EN 103 zum Pico do Arieiro, Poiso, Tel. 782269).

Sehenswürdigkeiten: In der barocken Igreja Nossa Senhora do Monte steht auf dem Hochaltar eine Marienfigur aus dem 15. Jh., die Schutzpatronin Madeiras. Der Park »Jardins Monte Palace« hat für jeden etwas: Üppige madeirensische und japanische Flora, Miniaturpagoden, einen Teich mit Koi-Fischen, eine Open-air-Porzellansammlung, Grotten, ein Märchenschloß (Caminho do Monte 174, Monte, Mo–Sa 9–16 Uhr).

Feste: Die blumenreiche Festa Nossa Senhora do Monte zu Ehren der Schutzheiligen findet am 14./15. August statt; Prozessionen, Volksfest, Folklore, Tanz.

Santana

Karte: Seite 112/113, Planquadrat C 7.

Anreise: 2–3 mal tgl. mit Buslinie 103, 138 ab Funchal (2 Std. Fahrzeit).

Unterkunft: Einsame Spitze ist die »Quinta do Furão«. Auf einer Felsklippe gelegen, von grünen Bergen und Weinfeldern umgeben, fühlt man sich wie am Ende der Welt. Ausgezeichnete Küche im rustikalen Restaurant (43 Zi., Achada do Gramacho, Santana, Tel. 570100, Fax 572130). Stilvolle Möbel bietet die »Quinta da Capela«. Im Grünen mit Panoramablick (5 Zi., Sítio do Folhadal, Porto da Cruz, Tel. 562491, Fax 235397). »O Colmo« ist ein urgemütliches Residencial. Schlichte Zimmer, beliebtes Restaurant, Regionalküche (16 Zi., Sítio do Serrado, Santana, Tel. 572478, Fax 574312).

Essen: Alles dreht sich im «Praça Velha» ums Meer, die Küche und den Ausblick (Porto da Cruz, Tel. 562663).

Informationen: Posto de Turismo, Sítio do Serrado, Santana, Tel. 57 29 92.

»Quinta da Capela«: Zimmer im altportugiesischen Landhausstil

Terra incognita – Welt der Bauern, Berge und Fischer

Großes Bild: Câmara de Lobos. Kleines Foto: Kartenrunde im Hafen von Câmara de Lobos.

Im Westen präsentiert sich die Natur in ihrer vollen Bandbreite. Dort kann man das ruhige, ländliche, oft unberührte Madeira kennenlernen. An den Hängen kleben Terrassenfelder, von den Bauern mühsam beackert und bewässert durch ein weitverzweigtes System von Kanälen. Auf dem schmalen Küstenstreifen, zu Füßen imposanter Steilküsten, liegen die Boote der Fischer. Das kaum besiedelte, bergige Landesinnere steht zum großen Teil wegen seiner einzigartigen Flora unter Naturschutz.

Kaum hat man die Metropole Funchal in Richtung Westen verlassen, ändern sich die Perspektiven. Das Häusermeer mündet in eine idyllische, ländliche Welt der Bauern und Berge. Das ist wie ein Szenenwechsel im Theater. Ausgedehnte Bananenplantagen, Gemüse- und Rebgärten reihen sich aneinander, Nutz- und Ziergärten, handtuchgroße Felder am Steilhang, auf denen die Bauern anpflanzen, was sie zum Leben

Festungstürmchen São Bento in Ribeira Brava

brauchen. Fruchtbare Wildnis und Natur statt Beton und Staus. Beeindruckt steht man vor den Terrassenhängen, welche die Siedler anlegten. Leben bedeutete Landarbeit, und die Geographie stellte sich den Menschen überall in den Weg. Im Inselsüden fanden sie zwar fruchtbares Land, aber kein Wasser; im Norden gab es Wasser im Überfluß, sonst aber nur nackte, unwegsame Felsen. Einfallsreiche Pioniere legten ein weitverzweigtes System von Wasserkanälen an, um das lebenswichtige Naß aus den Bergen in die Täler zu leiten. Halsbrecherisch turnten die Arbeiter, durch Seile gesichert, an den Felswänden. Mit der Spitzhacke bearbeiteten sie die steilen Hänge, umrundeten Felsspalten und überbrückten Schluchten, um für die Bewässerungsrinnen, die Levadas, Wege zu ebnen. Arterienartig durchziehen die Levadas ganz Madeira. Das Bewässerungssystem ist bis heute intakt, erstreckt sich über 2000 Kilometer, bewässert etwa 95 Prozent der Felder und erzeugt Energie.

Schiffbauer zimmern ein historisches Holzschiff in der Open-air-Werft von Câmara de Lobos

Ponta do Sol lebt hauptsächlich vom Bananenanbau

In Câmara de Lobos sind die Langleinenfischer stationiert, die in etwa 800 Metern Tiefe den schwarzen Degenfisch fangen. Weil Netze an den felsigen Klippen zerreißen würden, benutzen sie Langleinen. Diese sind 1600 Meter lang, ab 800 Metern gehen von der Hauptschnur 150 mit je einem Haken bestückte Nebenleinen ab. Außerdem fangen die Fischer noch Barsche, Brassen, Barben, Marline und Thunfische.

Am Ende der Welt: Paúl do Mar ist ein fast ausgestorbenes Dorf

Auf großen Holzgestellen werden in Câmara de Lobos Fische für den Winter getrocknet

Niemals dürfe Wasser ein Spekulationsobjekt sein, sondern müsse als Gemeingut gerecht verteilt werden, fand 1493 König João II. und schuf dafür den gesetzlichen Rahmen. Erst um 1900 änderte sich diese soziale Regelung: Wasser wurde ein ähnliches Rechtsgut wie der Boden. Viele Bauern gerieten in elende Abhängigkeit. Heute ist das Wasser überwiegend in staatlicher Hand. »Gegen eine festgesetzte Jahresgebühr 'mieten' die Bauern das Wasser auf Zeit«, erklärt ein Levadeiro, der über die Verteilung wacht und für die Reinigung der Kanäle sorgt. Es funktioniere gut, auch wenn es immer wieder Streit gebe, weil einer die Schleuse nicht planmäßig »dichtmache«.

Mit dem Wasser allein war es nicht getan. Der Fels mußte besiegt werden. Um Platz für Zuckerrohr, Weinstöcke, Bananenstauden und Mais zu schaffen, schlugen die Siedler Terrassen, sogenannte Poios, in die Bergwände. In Weidenkörben schafften sie Muttererde und Steine für die Mauern heran, die die Terrassen stützen. Kein Südhang, auch nicht der steilste, der nicht vom Gipfel bis zur Küste in eine grüne Treppenanlage verwandelt worden wäre. »Die Steinmauern der Poios müssen wir ständig pflegen, sonst rutscht uns bei Unwetter der ganze Berg weg«, erklärt ein Bauer.

Wohl oder Wehe, alles ist von seiner Arbeit abhängig. In die moderne Technik setzt er keine Hoffnungen. Maschinen kann er weder bezahlen noch auf dem unwegsamen Gelände einsetzen. Sein Haus ist nicht einmal an das Straßennetz angeschlossen; er erreicht es nur zu Fuß. Kühe gibt es, aber man sieht sie nirgends. Aus Sorge, daß die Kühe beim gedankenlosen Grasen in den Abgrund stürzen, werden sie in Palheiros gesperrt, eine »Ein-Kuh-Wohnung« mit strohgedecktem Spitzdach, welche die Tiere praktisch nie verlassen. Gras schleppen die Bauern von weit heran. »Das Überleben auf Madeira ist ein ständiges Opfer, die Natur eine permanente Herausforderung, mit der der Mensch jeden Tag von neuem konfrontiert ist«, beschreibt die Schriftstellerin Helena Marques das Lebensgefühl der Landbevölkerung. Verständlich, daß so viele Madeirenser auswanderten.

Reblaus und Mehltau raubten den Weinbauern ihre Existenz

Doch auch das titanische Geacker schützte die Bauern nicht vor Schicksalsschlägen. Etwa beim Wein, einem der Eckpfeiler der madeirensischen Wirtschaft. Westlich von Funchal führen die kurvenreichen Straßen zu den Weingärten Madeiras. Gut 65 Prozent der madeirensischen Rebstöcke wachsen hier. Bereits in der ersten Hälfte des 15. Jahrhunderts ordnete Heinrich der Seefahrer an, Rebstöcke zu pflanzen.

Die Reben kamen aus Kreta, Zypern und Italien. Wein wurde schnell ein Exportschlager. Lange Schlangen aus Weidenkörben, randvoll mit Trauben, bilden sich während der Weinlese vor den Hängen von Estreito de Câmara de Lobos, dem Herz des Weinanbaus. An die 70 Kilogramm fassen die Körbe, die die Pflücker schultern und zum Weitertransport in die Kellereien an den Straßenrand wuchten.

 Der Weltruhm der edlen Rebklassiker wie Sercial, Verdelho, Bual und Malvasia ging dahin, als erst 1852 der Mehltau die Ernte vernichtete und, kaum davon erholt, 1872 die aus Amerika eingeschleppte Reblaus zum zweiten Schlag ansetzte. Rund 2400 Hektar waren zerstört.

Die Bananen brachten Hoffnung, doch die Zukunft ist ungewiß

Die arbeitslos gewordenen Weinbauern pflanzten Zuckerrohr und Bananen an. Mit dem süßen Stoff hatten sie wegen der billigeren karibischen Konkurrenz wenig Erfolg. Der gelbe Vitaminträger dagegen, der schon 1552 gepflanzt wurde, entwickelte sich erst zum Exportschlager, als um die Jahrhundertwende moderne Kühltechnik längere Transporte möglich machte. Mit einer Anbaufläche von rund 1500 Hektar ist die Banane heute eine der tragenden Säulen der madeirensischen Wirtschaft. Als sich aber 1986 für Portugal die europäischen Binnengrenzen öffneten, drohte auch hier billige Konkurrenz aus Amerika. Die damalige EG reagierte mit Zollschranken und Kontingentierung für Importe, um die Madeira-Banane gegen die übermächtigen US-Multis zu schützen. Der »Bananenkrieg« entbrannte. Die USA und lateinamerikanische Bananenproduzenten klagten wegen unfairer Handelspraxis vor der Welthandelsorganisation (WTO), die Änderungen verlangte. Mitte 1998 verabschiedete die EU eine neue Bananenmarktordnung, in der Importschranken entfallen. Die madeirensischen Bauern haben das Nachsehen.

Winzige, steile Felder machen bei Ribeira da Janela den Einsatz von Maschinen unmöglich

Bei den Fischern von Câmara de Lobos

In der kleinen Hafenbucht von Câmara de Lobos hatte der Entdecker Zarco 1420 die erste Siedlung der Insel gegründet. Heute ist der Ort das Hauptquartier der Fischer. Ein ganz eigenes Aroma aus Meeresalgen, Fisch, Öl und Rost mischt sich hier. Auf Holzgestellen dörrt die Sonne unter enormer Geruchsentwicklung Fisch für den Winter. Das Klopfen und Hämmern der Zimmerleute ist zu hören, die neue Boote bauen und alte ausbessern.

Die Fischer haben sich auf den Fang des schmackhaften Peixe Espada Preto, des schwarzen Degenfischs, spezialisiert, der vor der Insel in der Tiefsee lebt. Am Ufer liegen die bunten Boote, die immer den Anschein von Romantik vermitteln. Trügerisch, denn Fischerei bedeutet auch in Câmara de Lobos Knochenarbeit. »Zu zweit bringen wir pro Fahrt rund 700 Kilo Fisch mit nach Hause.« Dafür sind wir drei Tage auf See«, erzählt António. Abends sitzen die Fischer immer noch an der Mole. Die Schirmmütze tief ins Gesicht gezogen, eine Zigarette zwischen den Zähnen, flickt António an den Netzen, die er am nächsten Morgen für Thunfisch auswerfen will. »Der Fang ist mager geworden, die See ist überfischt«, stellt er emotionslos fest. Trotzdem wirft er von jedem Fang einen Fisch ins Meer zurück. »Damit bei der nächsten Fahrt wieder reiche Beute ins Netz geht.«

Während Funchal auf Hochglanz gebracht wird, verkümmern ländliche Gegenden. Die Armut ist offensichtlich; hierher fließen kaum Investitionen. Zwischen Gischt und Berghang balancieren die Behausungen der Armen. Manche Fenster in Câmara de Lobos sehen aus wie nach einem Bombeneinschlag. Gardinen ersetzen Türen. An den Miradouros,

Angler an der Mole des Fischereihafens von Porto Moniz

Der Leuchtturm Ponta do Pargo markiert den westlichsten Punkt Madeiras

Rauhes Klima, steile Felsen, und doch ein Ort für den Weinanbau: Seixal

Die barocke Pfarrkirche ist das Schmuckstück im kleinen Ort São Vicente

Mühsam ist die Arbeit auf den kleinen, oft steil am Hang terrassierten Feldern. Diese Poios sind kleine Kunstwerke, die von Mauern aus lose zusammengefügten Basaltsteinen gestützt werden, die glatt behauen und leicht schräg gegen den Hang aufgestapelt werden. So kann das Regenwasser gut ablaufen, ohne daß der kostbare, fruchtbare Boden mit weggeschwemmt wird. Fast alle Felder werden bis heute mit der kurzstieligen Hacke, der Enchada, bearbeitet.

den beliebten Fotostationen für Bucht, Bananen- und Weinhänge, beschweren sich Touristen über bettelnde Kinder, die in ihr Bild von Hafenidylle nicht passen. Je weiter man nach Westen und Norden vordringt, desto rauher und menschenleerer wird es. Immer mehr gehen die Bewohner mit dem Meer auf Tuchfühlung. Der schmale Küstenstreifen rund um den Inselfelsen ist besiedelt, im Süden deutlich dichter als im Norden. Zwischen Klippe und Steilwand läßt der Felsen den Dörfern wenig Raum. Das Leben einer Insel endet stets am Ufer. Die Straßen gehen einfach nicht weiter als bis ans Wasser.

Im Norden, wo das Meer sich wie wild gebärdet, liegen die stillen Dörfer wie Ribeira da Janela und São Vicente, die zerfurchte Schluchten und Berghänge bedecken. Bei Porto Moniz, dem nordwestlichsten Punkt der Insel, zeichnet die wilde Küste die schärfsten Konturen. In den zerklüfteten Klippen und Grotten haben sich einst Seeräuber ihre Schlupfwinkel gesucht. Die Straße nach São Vicente schlängelt sich zwischen Steilwand und Klippenrand. Die Wellen schlagen bis zu acht Metern hoch an den Bergfels. Aus der Höhe stürzen Wasser-

Handgefertigte Souvenirs am Pico do Arieiro

fälle senkrecht auf die Küstenstraße, die die Insulaner »Autowaschstraße« nennen.

Während der Mensch das Land an der Küste kultivierte, hat er im Inselinneren der Wildnis das Feld überlassen. Zum Leben zieht es niemanden hierher. Abseits des besiedelten Küstensaums betritt man »Terra incognita«. Wer sich mit Wanderschuhen und Forschergeist zur Expedition ins grüne Inselinnere aufmacht, wird von der Natur verwöhnt: Baumhohe Rhododendren und buttergelbe Ginsterblüten wachsen am Wegesrand, der Duft der wilden Minze liegt über der Landschaft. Über dichtem Moos breiten riesige Baumfarne ihre Fächer aus. Die Wanderung führt vorbei an Pflanzen mit regenschirmgroßen Blättern und brusthohen Büschen hinein in ein Schattenreich der Farne und Flechten. Bäche stürzen sich die Felswände hinunter in Steingärten, die von feuchtwarmer Tropenluft wie in einem Gewächshaus befeuchtet werden. Aus dem steinigen Hochland des Paul da Serra zwingen sich Baum- und Besenheide, Farne und Sukkulenten auf 1600 Meter Höhe, eine rauhe Gegend, wo sich nur Ziegen und Schafe gern aufhalten. In Felsspalten und Tälern wachsen diverse Raritäten, die nur auf Madeira vorkommen, etwa das gelbblühende Madeira-Veilchen oder die kugelförmige Madeira-Grasnelke.

Zwischen den Gipfeln im Hochland von Madeira

In dieser Bergwelt bilden Felsspitzen, Zacken, Türme und Plateaus ein labyrinthisches Szenarium, und über allem liegt Stille. Man könnte vergessen, auf einer Insel im Atlantik zu sein. Drei Eintausendachthunderter und einige Eintausendsiebenhunderter machen diese Region zum Hochgebirge. Die höchsten Gipfel sind der Pico Ruivo (1862 m), der Pico das Torres (1851 m) und der Pico do Arieiro (1818 m). Auf mehr als 1000 Metern Höhe liegt der Encumeada-Paß, die kürzeste Verbindung von Nord nach Süd. Wenn bei Sonne die Berge in ein malvenfarbenes goldenes Licht getaucht sind, hat man das Gefühl, dem Olymp nahe zu sein.

Allerdings ist das Paradies in Gefahr. Deshalb wurden 1982 fast zwei Drittel der Insel zum Naturpark Parque Natural de Madeira erklärt. Die besondere Sorge der Naturschützer gilt dem Lorbeerwald, der durch Brandrodung, Abholzung, unkontrollierte Beweidung und lebensraumfressende Importpflanzen, wie etwa Zieringwer aus dem Himalaja oder australische Akazien, seit der frühen

Die Hochebene Paul da Serra besteht aus einem Gemisch von grauer Asche, ockerfarbenen Schlacken und ziegelroten Tuffablagerungen, die je nach Lichteinfall aufregende Muster zeigen. Vermutet wird, daß sie bei einem Vulkanausbruch entstand, dessen Krater jedoch durch Erosion zerstört wurde. Rätsel gaben die Funde von maritimen Fossilien auf, die an den Rändern der Hochebene gefunden wurden. Geologen vermuten, daß die Eruptionen so mächtig waren, daß der Ausbruch aus der Tiefe des Meeres kalkhaltige Gesteinsmassen emporschleuderte und mit ihnen die Fossilien. Andere Forscher meinen, daß die Fundstellen einst unter Wasser gelegen haben.

Kontrolle der Levada do Norte (unten)

Auch die Tunnels müssen sich die Levadeiros genau ansehen (unten)

Wanderer unterwegs auf dem Höhenweg zwischen Pico do Arieiro und Pico Ruivo

Besiedlung von einem ursprünglich dichten, große Teile der Insel bedeckenden Urwald auf einen Rest von 12 000 Hektar geschrumpft ist. Der Lorbeerwald findet sich nur noch auf den Atlantischen Inseln Madeira, den Kanaren und den Azoren.

Der Laurisilva ist ein vorzüglicher Wasserspeicher, der innerhalb der Inselökologie eine Schlüsselstellung einnimmt. Mit seinen Wurzeln hält er den fruchtbaren Boden fest. Ohne Halt, wird die ohnehin dünne Bodenkrume bei Regen ins Meer gespült. Auf weiten Flächen fehlt es Madeira an Vegetation, die Regen auffangen und speichern könnte, eine Aufgabe, die einst der Lorbeerwald erfüllt hatte. Er kann sogar Nebelwolken in Wasser umwandeln und damit den komplizierten Wasserhaushalt der Insel unterstützen. Staatliche Aufforstungsprogramme versuchen jetzt, den Bestand zu schützen und zu erweitern.

Eine gute Asphaltstraße führt durch den Parque Natural de Madeira zum Pico Ruivo

Bergland

Karte: Seite 112/113, Planquadrat D 5.

Anreise: Durch das Bergland führt die EN 104 (Encumeada-Paß). Buslinie 6 und 139 ab Funchal, 6 mal tgl. Es gibt keine Busverbindung zum Pico do Arieiro.

Unterkunft: Optimal für Wanderer ist die rustikale, komfortable Pousada »Dos Vinháticos«. In der Küche ist Wild Spezialität, unbedingt reservieren (21 Zi., Serra de Água, Tel. 952344, Fax 952540). Schlafen über den Wolken kann man in der Pousada »Do Pico do Arieiro«; rustikale Atmosphäre am belebten Aussichtspunkt des Gipfels (18 Zi., Pico do Arieiro, Tel. 230110, Fax 228611).

Essen: Gut besucht ist die »Bar Camarão« (Sítio da Serra de Água, Tel. 824379).

Sehenswürdigkeit: Eira do Serrado ist der Aussichtspunkt für fotoreife Perspektiven auf Curral das Freiras, den größten Talkessel Madeiras, und in die Bergwelt.

Calheta

Karte: Seite 112/113, Planquadrat D 2.

Anreise: Linie 107 ab Funchal, 2 mal tgl., Fahrzeit ca. 3 Std.

Unterkunft: Eine Luxusanlage am Kieselstrand ist das frisch restaurierte 4-Sterne-Hotel »Onda Azul« (104 Zi., Praia da Calheta, Tel. 823230, Fax 823230).

Essen: In den Bergen liegt »Seara«, je nach Saison auch Wildgerichte (Ribeira Funda, Estreito da Calheta, Tel. 823048).

Sehenswürdigkeiten/Ausflüge: Am Ortseingang erinnert die Ruine einer Zuckermühle an die zweite Boomphase des Zuckerrohrs um 1900. An der Uferpromenade sind der Schornstein und einige Geräte aus der Destille zu sehen. Wie aus Zuckerrohr Rohzucker, Rum und Sirup gemacht werden, kann man von März bis Mai in der Fabrik »Sociedade dos Engenhos da Calheta, Lda.« mitansehen (Juni–Feb. nur Besicht.; Tel. 822264, Mo–Sa 8–12.30, 13.30–18 Uhr, So 10–18 Uhr). Eine mudejare Wacholderholzdecke und ein dreistöckiges Sakramentshäuschen aus Ebenholz und Silber gibt es in der Igreja da Calheta (1430) zu sehen.

REISE-INFO
MADEIRAS WESTEN

Câmara de Lobos

Karte: Seite 112/113, Planquadrat F 5.

Anreise: Zahlreiche Buslinien verbinden den Ort mit Funchal (Fahrzeit 15 Min.).

Essen/Ausgehen: Klein, aber fein ist das »Riba Mar« an der Ufermeile; v. a. Fische und Schalentiere (Largo da República, Tel. 942113). Das Restaurant »Fajã dos Padres« liegt spektakulär auf einem Klippenvorsprung. Anreise per Fahrstuhl, regionale Rezepte (EN 101 zwischen Ribeira Brava und Câmara de Lobos, Tel. 944553).

Sehenswürdigkeiten/Ausflug: Die Capela Nossa Senhora dos Pescadores am Ende der Hafenbucht ist vermutlich die erste Kapelle auf der Insel. Auf dem Winston-Churchill-Miradouro malte der britische Staatsmann 1950 Dorf und Bucht. Als das mit 580 m höchste Kliff der Insel und Europas, das zweithöchste der Welt, rühmt sich das Cabo Girão. Von dort bietet sich ein gigantischer Ausblick auf Funchal und die Westküste.

Feste: Mit der Weinlese im September beginnt in Estreito de Câmara de Lobos die einwöchige Festa do Vinho (Weinfest).

Information: Posto de Turismo, Câmara Municipal, Largo d. República, Tel. 942108.

Ribeira Brava

Karte: Seite 112/113, Planquadrat E 4.

Anreise: Mehrere Buslinien ab Funchal etwa jede Stunde, Fahrzeit 1 Std. 30 Min.

Kirche von Calheta mit ihrer schönen Holzdecke

Unterkunft: Ein wenig pompös eingerichtet ist das Residencial »São Bento« (22 Zi., Rua 1 de Dezembro, Tel. 951506).

Essen: Unschlagbar in Sachen Fisch ist das »Água Mar« (Avenida Eng. Ribeiro Pereira, Tel. 951148).

Sehenswürdigkeiten: Interessant ist die Igreja de São Bento mit ihrer blauweißen Schachbrettmuster-Turmspitze. Trotz ihres barocken Eindrucks belegen Details wie Taufbecken und Kanzel, daß die Kirche bereits von 1440 stammt. Hinter dem Wehrturm an der Uferpromenade befindet sich ein Markt. Das Museu Etnográfico zeigt Brauchtum und Volkskunst; Fotodokumentation (Rua de São Francisco 24, Di–So 10–12.30, 14–18 Uhr).

Informationen: Posto de Turismo, Forte de São Bento, Tel. 951675.

São Vicente

Karte: Seite 112/113, Planquadrat C 4.

Anreise: Mit Linie 6 und 139 ab Funchal 6 mal tgl., Fahrzeit knapp 3 Std.

Unterkunft: Der Wellenschlag vor der komfortablen Estalagem »Praia Mar« wiegt sanft in den Schlaf, Restaurant (20 Zi., Sítio do Calhau, Tel. 842383, Fax 842749). Das abgelegene, restaurierte Landhaus »Casa do Lanço« bietet historische Küche (3 Zi., 4 Ap., Sítio do Lanço, Ginjal/São Vicente, Tel. 846073).

Essen: Gute Regionalküche serviert das »Quebra Mar» (Sítio do Calhau, Tel. 842338). An der Uferpromenade von Seixal gewährt das »Brisa Mar« herrliche Aussichten auf die Küste, regionale Hausmannskost (Cais de Seixal, Tel. 854476).

Sehenswürdigkeiten: Die 700 m lange Gruta de São Vicente entstand beim letzten Vulkanausbruch vor 400 000 Jahren (Sítio do Pé do Passo, im So. tgl. 9–21 Uhr, im Wi. bis 19 Uhr). Im schwarzweißen Pflastermosaik vor der Igreja de São Vicente (17. Jh.) ist die Legende um den heiliggesprochenen Märtyrer Vicente in Stein gelegt. Auffällig sind die Azulejos, der Talha-Schmuck im Altarraum und das Deckengemälde im Mittelschiff.

Baden: Meerwasserschwimmbäder in Seixal und Ponta Delgada.

Zuckermühle in Calheta während der Ernte

In der Zuckermühle der Sociedade dos Engenhos da Calheta wird das Zuckerrohr gepreßt

Die Arbeiter schleppen das Zuckerrohr zum Preßvorgang heran

Ponche, ein Mixgetränk aus Zuckerrohrschnaps

Zuckerrohr ist heute kein Geschäft mehr, bei dem man reich werden kann, sondern nur ein Nebenerwerb. Etwa sechs Wochen im Jahr, von März bis April, ist die Zuckermühle in Betrieb. Nach dem Schneiden muß das Rohr schnell zum Pressen gebracht werden, da sich sonst sein Zuckergehalt reduziert. Aus dem Zuckerrohrsaft Guarapa wird auf Madeira traditionell Schnaps – je nach Alter Aguardente oder Aguardente Velho genannt – gewonnen sowie Sirup für die Herstellung von Kuchen.

Calheta: Wenn die Zuckerrohrernte abgeschlossen ist, wird gefeiert

Unbekannte Wüsteninsel für Badeurlauber

Großes Foto: Küste an der Ponta da Calheta mit Blick auf die Ilhéu de Baixo. Kleines Foto: Strandvergnügen an der Südküste.

Über Madeiras kleiner Schwester liegt das Flair der Wüste. Es fehlen fruchtbare Terrassen und das üppige Grün. Aber Porto Santo bietet, was Madeira fehlt: Sandstrand, insgesamt acht Kilometer – eine ideale Ergänzung zur Nachbarinsel. Dennoch ist der Massentourismus auf dem 42 Quadratkilometer großen Eiland, das einst Korsaren, Kaufleute und sogar Kolumbus in seinen Bann zog, unbekannt.

Genug von Wanderschuh, grünwuchernden Landschaften und Swimmingpools. Irgendwann will jeder Urlauber auch einmal feinkörnigen, goldgelben Sand unter seinen Zehen spüren. Ob für einen Tagesausflug oder für länger: Porto Santo hat, was Madeira fehlt – einen acht Kilometer langen Sandstrand, Dünen und echtes Wüstenflair. Einen Katzensprung von der Blumeninsel entfernt, ist die Farbe Grün nur ausnahmsweise existent. Es gibt kaum Wälder, keine Poios, keine Levadas, weder Kino noch Theater und keinen Massentourismus. Von Marokko ist eine kräftige Prise Afrika herübergeweht, die auf Porto Santo Halt gemacht hat.
Für Portugiesen erfüllt das Wüsteneiland alle Voraussetzungen einer Lieblingsinsel. In den Sommerferien kommen sie in Scharen hierher. Dann buddeln sie sich bis zum Kopf im Sand ein und verharren so Stunden. Der Sand habe therapeutische Wirkung, stöhnt ein Eingegrabener unter seinem Sonnenhut schwitzend hervor und helfe bei diversen Krankheiten wie Rheuma, Krampfadern, Rachitis und Knochenschwäche. Ein unabhängiges französisches Forscherteam soll das nun untersuchen.

Der Tourismus hat Porto Santo das Tor zur Zukunft geöffnet

Mit dem Tourismus machte die Insel einen deutlichen Entwicklungssprung. Die Bettenzahl stieg in den letzten Jahren auf über 700, die Zahl der Inselbewohner von 3900 im Jahr 1977 auf 4800 heute. »Die Insel ist attraktiver geworden, bietet mehr Jobs und weniger Anlaß auszuwandern«, stellt Ana Bela Ferreira von der Tourismusinformation zufrieden fest. 1960 hatte die Nato in der Nähe von Vila Baleira einen Flughafen eröffnet; kurz danach entstanden die ersten Sommerhäuschen, Hotels und Cafés. Vor drei Jahren wurde die Landebahn ausgebaut und erhielt eine neue Ankunftshalle.
1995 löste die Autofähre »Lobo Marinho« das über die Wellen hechtende Schnellboot ab, was den einzigen Apotheker der Insel halbwegs arbeitslos machte. »Wenn der Katamaran nach anderthalb Stunden 'Wellenreiten' am Kai vertäut war«, schmunzelt der Hafenlotse Mário Chaves, »stürzten die strapazierten Passagiere von der Gangway gleich an die Mauer der Hafenmole. Wir haben sie deshalb 'Klagemauer' getauft.« Jeden

Mit den Carriolas, den Pferdekutschen, kann man die Insel erkunden

Bar »Apollo 14« im Zentrum von Vila Baleira

Ob der berühmte Entdecker Kolumbus je länger als einen Tag auf Porto Santo weilte, ist nicht eindeutig belegt. Aus den Annalen geht hervor, daß Kolumbus sich am 7. Juni 1498 auf der Insel aufhielt, mehr nicht. Seinen berühmten Schwiegersohn hat Gouverneur Perestrelo nie kennengelernt, da der bereits 1457 starb, – und zu diesem Zeitpunkt war Kolumbus gerade sechs Jahre alt.

Wellness am Strand (unten)

Eine der letzten Mühlen von Porto Santo steht in der Nähe von Pedras

Morgen bringt die Fähre bis zu 160 Autos und 850 Passagiere, Lebensmittel und andere Versorgungsgüter mit. »Vorher war Porto Santo ein stilles Idyll ohne Verkehr«, erinnert sich Senhor Mário, »aber unser Leben ist jetzt einfacher.«

Etwas bestürzt über die Abgelegenheit und Rückständigkeit der Insel war Bartolomeu Perestrelo, ein Adliger italienischer Herkunft, der 1446 die Lehnsherrschaft über die Insel erhielt. Mit der Gouverneurswürde dankte ihm die portugiesische Krone für seine Mithilfe bei der Entdeckung Madeiras.

Doch schon bald beschwerte sich der Blaublütige bei Heinrich dem Seefahrer, die Insel sei zu langweilig und seiner nicht würdig. Das 42 Quadratkilometer große Eiland verfügte weder über Bodenschätze noch über Süßwasser.

Mit etwas Weizen, Hafer und Wein verbuchten die Siedler kleine Erfolge. Auch mit Viehzucht und Fischfang fanden sie ein Auskommen. Der Drachenbaum, das Symbol Porto Santos, war Quelle für bescheidenen Wohlstand. Aus einem einzigen Stamm zimmerten die Leute

Kolumbus-Denkmal in Vila Baleira

kleinere Schiffe. Nachdem entdeckt worden war, daß sich sein Harz zur Herstellung von Lacken, Glasuren und Farbstoffen eignete, bluteten eifrige Kaufleute die Drachenbäume regelrecht aus; im 17. Jahrhundert war er ausgerottet. Obendrein überfielen Piraten die ungesicherte Insel mehrfach, verschleppten zahlreiche Bewohner in die Sklaverei und nutzten die zerklüftete Nordküste als Schlupfwinkel. Perestrelo hatte bald die Lust an der Insel verloren.

Nur wer sich anpaßt, kann die Trockenheit überleben

Bis heute schaffen es nur die zähesten Pflanzen, sich gegen die Trockenheit aufzubäumen. Auch der Mensch kapitulierte vor der Natur. In der verdörrten Serra de Dentro überließen die Bewohner ihre mühsam angelegten Terrassenfelder und die Bauernhäuser Sand und Wind. Dabei waren ihre Häuser ideal an die schwierigen klimatischen Verhältnisse angepaßt.

Auf der Ilhéu de Cima südöstlich vor Porto Santo befindet sich ein kleiner Leuchtturm

Die extrem dicken Steinmauern der Casas de Salão sorgten im Sommer für Kühle, im Winter für Wärme. Ein Dach aus Rohrstöcken, Ziegeln und Lehm wehrte Sonne und Regen ab.
Gegen die fortschreitende Erosion wurde in den letzten Jahren ein staatliches Aufforstungsprogramm in Gang gebracht und mühsam viele Bäume und Sträucher angepflanzt. Jede Pflanze ist von einer kleinen Schutzmauer umgeben, das Wasser mußten die Helfer eimerweise herbeischaffen. Inzwischen sind etwa 380 Hektar der Insel wieder bewaldet.

Bei Camacha im Norden liefern einige Rebstöcke den Grundstoff für den lokalen Wein, der dank des gleichmäßig warmen Klimas schwer und hochprozentig gerät. Ihre besten Böden mußten die Bauern allerdings 1960 hergeben; sie verschwanden unter dem Asphalt der Flughafenpiste für Nato-Flugzeuge. Abgesehen von etwas Obst und Gemüse müssen alle Lebensmittel und Produkte zum alltäglichen Bedarf über den teuren Seeweg von Madeira bzw. Lissabon nach Porto Santo geschafft werden.

Kaninchen sollen die Insel kahlgefressen haben

Hartnäckig hält sich die Geschichte, daß die Schuld an der Armut ein Kaninchen trägt. Der Entdecker Zarco soll 1418 ein trächtiges Exemplar dieser Nagetiere mit auf die Insel gebracht haben, die sich rasant vermehrten und alles abfraßen. Tatsächlich geht schon aus den Aufzeichnungen des portugiesischen Chronisten João de Barros (1496–1570) hervor, daß die Siedler der Kaninchenplage nicht Herr werden konnten. »Bei einer einzigen Jagd«, so Barros, »wurden mehr als 3000 Tiere erlegt.« Den Hauptgrund der Schwierigkeiten sieht jedoch auch er im fehlenden Trinkwasser.
Der Hauptort Vila Baleira döst still vor sich hin. »Der Fortschritt ist bei uns eine Schnecke«, lacht Joanina, die im Café »Baiana« bedient. Nur im Ferienmonat August steigt der Puls spürbar an. Im Zentrum erinnern das Rathaus, die Pfarrkirche Nossa Senhora da Piedade und die aus schwarzweißen Pflastersteinen gelegte Windrose am Largo do Pelourinho an die Kolonialzeit.

Die an Höhepunkten eher arme Inselhistorie wird sorgsam gepflegt. In der Hauptstadt Porto Santo haben die Bewohner ihrem »Stargast« Kolumbus deshalb ein eigenes Museum gewidmet. Bevor der Genuese als Entdecker aktiv und berühmt wurde, engagierte er sich im lukrativen Zuckergeschäft. Da Portugals erste Zuckerkulturen auf Madeira Hoffnungen weckten, war er seit 1478 häufig bei seinen Handelspartnern in Funchal anzutreffen. Dort lernte er auch Filipa Moniz kennen, die Tochter des portosantensischen Gouverneurs Perestrelo. Durch die Heirat mit Filipa gelang ihm der Aufstieg in die portugiesische Gesellschaft, sie war seine Eintrittskarte zum Königshof.

Aufgegebenes Haus im Binnenland: Viele Menschen haben die unwirtliche Region verlassen

Aufforstung

Pferde in der verdörrten Serra de Fora

Obwohl Porto Santo nur 50 Kilometer von der grünen Hauptinsel entfernt liegt, zeigt sich die kleinere Schwester wüstenhaft. Berge, die Regenwolken einfangen, und Pflanzenwuchs fehlen weitgehend, ebenso Flüsse. Niederschläge gibt es nur im Winter. Dann blüht es sogar auf Porto Santo. Seit 1911 gibt es Aufforstungsprogramme, um das kahle Land vor der Erosion zu schützen. Der Pico do Castelo ist mittlerweile von Pinien, Zedern und Eukalyptus bewachsen. Tamarisken, Espen, Palmen und sogar Drachenbäume wurden wieder gepflanzt.

Fischer an der Ponta da Calheta

Mittagspause im Binnenland (unten)

Da Portugal seinerzeit die beste Adresse in Entdeckungsfragen war, dürfte ihm dies entgegengekommen sein. 1482 sprach er erstmals beim portugiesischen König João II. vor. Dieser war jedoch überzeugt, den Seeweg nach Indien um Afrika herum zu finden und lehnte Kolumbus' Projekt ab, Indien im Westen zu suchen.

Auf Porto Santo nahm Kolumbus' Schicksal eine entscheidende Wende

Kolumbus versuchte, wie man weiß, später bei der spanischen Königin Isabella erfolgreich sein Glück. Kolumbus und Filipa, die 1485 starb, sollen in der Kirche von Vila Baleira geheiratet und im Haus daneben gelebt haben. Angeblich haben ihn am Strand angeschwemmte Samen und Treibholz erst darauf gebracht, daß es Land im Westen geben könnte.

REISE-INFO
MADEIRA: PORTO SANTO

Karte: S. 112/113, Planquadrat A/B 8–10.

Anreise: Mit der Fluggesellschaft ATA mehrmals ab Funchal nach Vila Baleira. Die Autofähre »Lobo Marinha« fährt morgens von Funchal nach Vila Baleira und abends zurück (Fahrzeit 3 Std.). Info: Porto Santo Line, Porto de Abrigo, Vila Baleira, Tel. 984233.

Lokale Verkehrsmittel: Auf der Insel gibt es Busverbindungen von Vila Baleira nach Camacha, Calheta, Campo de Cima, Serra de Fora, Campo de Baixo (jeweils 3 mal tgl.), zur Fähre bei Ankunft/Abfahrt.

Unterkunft: Bestes Hotel mit modernem Vier-Sterne-Komfort, breitem Sport- und Fitneßangebot ist das »Torre Praia«. Wahlweise Strand oder Swimmingpool, auch für Kinder geeignet. Witzige Bar im Turm, gut 300 m zum Zentrum (65 Zi., Rua Goulart Medeiros, Vila Baleira, Tel. 983611, Fax 982487). Angenehme Atmosphäre bietet das Aparthotel »Luamar«. Frühstück inklusive, viele Sportmöglichkeiten, Kinderbecken, Shuttle-Service nach Vila Baleira (73 Ap., Cabeço da Ponta, Tel. 984103, Fax 983100).
Recht preiswert kommt man unter im Residencial »Central«, zentral und im inseltypischen Stil (42 Zi., Rua José S. S. Moura Caldeira, Tel. 982226, Fax 983460). Direkt am Strand befindet sich das Residencial »Theresia« (6 Zi., Campo de Baixo, Tel. 983683, Fax 983300). Richtig ländlich neben Dreschplatz und alten Ställen wohnt man in der »Casa do Rosário«, nach traditionellen Vorbildern 1995 restauriert (4 Zi., Sítio da Serra de Fora, Tel. 98406).

Essen/Ausgehen: Im »Forno« ist Gegrilltes, pikant gewürzt, Spezialität (Avenida Henrique Vieira de Castro, Vila Baleira, Tel. 985141). Regionale Kost, wie den Fleischspieß Espetada, gibt es im »Gazela« (Campo de Cima, Tel. 984425). Die besten Grillhähnchen vom Holzkohlengrill bekommt man im »Torres«, auf Wunsch extra scharf. Unschlagbar die Atmosphäre der Terrasse unter Weinlaub (Sítio da Camacha, Tel. 984373). Rustikal unter dem Strohdach eines Bauernhauses ißt man im »Estrela do Norte«. Kostproben des Inselweins (um 13 Prozent Alkoholgehalt) sind hier zu haben (Sítio da Camacha, Tel. 983400). Die besten Fischgerichte erhält man im »Pôr do Sol«, Strandrestaurant im äußersten Inselwesten (Ponta da Calheta, Tel. 984380). Klein und urig, das »Teodorico«, daher unbedingt vorbestellen (Serra de Fora, Tel. 982257). Das Café »Baiana« gegenüber vom Rathaus ist einer der beliebtesten Treffpunkte (Rua Dr. Nuno S. Teixeira, Vila Baleira, Tel. 984649).

Nachtleben: Nur im Sommer: Beliebt ist die Disko »Porão« im Hotel »Torre Praia«. In die Disko »Challenger« neben dem Friedhof gehen Pop- und Rockfans. In der Snack-Bar »João de Cabeço« ist bis spät in die Nacht etwas los (an der Straße zum Hotel »Lua Mar«; Sítio Cabeço da Ponta). Tagsüber und nachts, die Strandbar »Tato's« (Pedras Pretas, Tel. 983444).

Sehenswürdigkeiten: Koloniales Flair am Largo do Pelourinho in Vila Baleira: das Rathaus im Stil der portugiesischen Renaissance (16. Jh.). Die Igreja Nossa Senhora da Piedade mit ihrem wuchtigen Glockenturm (17. Jh., gotischer Ursprungsbau), Azulejos und mittelalterlichem Wasserspeier. Schwarzweißes Pflastermosaik aus Basalt und Kalkstein.

Ausflüge: Die Dünenlandschaft von Fonte da Areia (Sandquelle) fasziniert durch ihre versteinerten Sandverwehungen; die hier sprudelnde Quelle hat den Ruf eines »Jungbrunnens«. Ein schmaler Trampelpfad führt zum Meer hinunter. Der Pico do Facho (Fackelberg) bietet bei klarer Sicht die Plattform für hervorragende Aussichten; hier wurden früher Feuer angezündet, wenn sich Schiffe oder Piraten näherten. Der Pico do Castelo, einst Fluchtberg der Bewohner, dient heute ebenfalls als Aussichtsturm und als Picknickplatz. Von hier aus sieht man die weiße Capela de Graça von 1813, Ort einer Marienerscheinung. Die Landschaft um den Aussichtsberg Pico Ana Ferreira hat das Flair eines Steinbruchs. Beeindruckender sind die gradlinigen Magmaspuren im Gestein.
Einen interessanten Kontrast zu Strand und Hügellandschaft bietet die Steilküste im Norden, wo in Camacha auch die Rebgärten Porto Santos liegen; hier gibt es noch einige Windmühlen. Das Paradies von Porto Santo findet man in der Quinta das Palmeiras, allerdings künstlich angelegt: Teiche mit Goldfischen, Schwänen, Obstkulturen (Sítio dos Linhares). In der Serra de Dentro lassen sich dagegen die verzweifelten Versuche der Bevölkerung nachvollziehen, dem Boden das zum Überleben Nötige abzuringen: verwahrloste Terrassenkulturen und verfallene Bauernhäuser (Casas de Salão). In der benachbarten Serra de Fora ist der Wüsteneindruck perfekt.

Museum: Das kleine »Casa-Museu de Colombo« wurde 1989 zu Ehren des Seefahrers eingerichtet. In dem Haus sollen Kolumbus und Filipa gewohnt haben. Die Sammlung setzt sich zusammen aus Möbeln, Hausrat und Werkzeug jener Zeit, einer Porträt-Galerie von Kolumbus aus dem 16.–20. Jh., alten Landkarten von Amerika und Madeira sowie historischen Drucken. Kleine Bibliothek, im Atrium Sommerkonzerte (Rua Cristóvão Colombo 12, Vila Baleira, Mo–Fr 9.30 bis 17.3, Sa 9.30–12 Uhr).

Feste: Am 14./15. August findet das höchste Inselfest zu Ehren der Jungfrau Maria statt, die Festa de Capela da Graça. Für diesen Zweck wird die sonst geschlossene Kapelle geöffnet. Nach der Prozession ausgelassenes Volksfest im bunt geschmückten Hauptort.

Sport: Tauchen für Anfänger/Fortgeschrittene bei Urs Moser Scuba Diving Center (Rua João G. Zarco 7, Vila Baleira, Tel. 982162). Diverse Wassersportarten bietet Clube Naval do Porto Santo (Vila Baleira, Tel. 982085). Reiten und Ausritte in die Umgebung im Centro Hípico (Sítio Ribeiro Salgado/Pico Ana Ferreira, Tel. 982741). Bei Pico Ana Ferreira Golfplatz in Planung. Fahrradverleihe.

Information: Secretária Regional do Turismo e Cultura, Avenida Henrique Vieira e Castro, Tel. 982361.

Das Museu de Colombo zeigt Schiffsmodelle aus der Entdeckerzeit

Museu de Colombo: In dem Haus sollen Filipa und Kolumbus um 1480 gewohnt haben

Wasserwagen in der Serra de Dentro

Die Kanone am Pico do Castelo soll schon Piratenschiffe versenkt haben

Blick auf Ort und Strand von Campo de Baixo an der Südküste

Ende der fünfziger Jahre schlug Portugals Diktator Salazar aus der Geographie Porto Santos Kapital. Auf dem Höhepunkt des Kalten Krieges bot er der Nato die flache Insel als Landeplatz an. Die Nato erkannte die Vorteile eines geostrategisch günstig gelegenen Stützpunktes im Atlantik und griff zu. 1960 wurde ein Flugfeld quer durch die Insel gelegt. Unter dem Asphalt verschwanden Porto Santos beste Ackerflächen.

Acht Kilometer Strand bietet Porto Santo

Die grünen Töchter des Vulkans

Großes Foto: Caldera das Sete Cidades auf São Miguel. Kleines Foto: Milchbauer bei Sete Cidades.

Vor Jahrtausenden schufen Kräfte aus dem Erdinnern die Azoren. Zuerst entstand Santa Maria, später Terceira und São Miguel. Nun sind die Inseln von einem Pflanzenteppich überwuchert. Ponta Delgada, die Kapitale von São Miguel, und Angra do Heroísmo, die Hauptstadt von Terceira, standen lange im Wettstreit miteinander. Jahrhunderte war Angra die Nummer eins des Archipels. Doch die Dampfschiffahrt und ein Erdbeben sorgten für den Aufstieg Ponta Delgadas, heute die größte und reichste Azorenstadt.

An der langen Uferstraße imponiert Ponta Delgada mit eleganten Häuserzeilen im typisch azoreanischen Barock. Eindrucksvoll ist der Kontrast zwischen den strahlend weißen Kalkfassaden und den Rahmen um Fenster und Hauskanten aus schwarzem Lavagestein. Wenn das dreibogige Stadttor auch etwas verloren dasteht, zusammen mit der manuelinischen Pfarrkirche São Sebastião, den imposanten Stadtpalästen und den kunstvoll gepflasterten Gehwegemosaiken in Schwarzweiß zeigt sich der herrschaftliche Stolz der größten und reichsten Azorenstadt auf der größten und reichsten Azoreninsel São Miguel. Ihr Charme ist dezent, aber spürbar. Ihre vielen Plätze und Parks sorgen für die nötige Großzügigkeit und Erhabenheit einer selbstbewußten Stadt.
Aus Unkenntnis halten die meisten Ponta Delgada für den Hauptort der Azoren, und insgeheim tun dies auch die Micaelenses. Sie vergessen dabei gern, daß ihr Ruhm als Zentrum der Azoren noch jung ist, knapp hundert Jahre. Zudem erlebte die Wirtschaft der Stadt viele Höhen und Tiefen. In Zyklen ging es auf und ab, erst mit Weizen und Pastell, der Färberpflanze, dann mit Wein, Tabak und Orangen, heute mit Ananas, Tee, Bananen und Milchprodukten.

In Ponta Delgada

Ponta Delgada, Angra und Horta teilen sich die Macht auf den Azoren

Rein rechtlich gibt es keine Inselkapitale. Die Macht auf dem Archipel ist geteilt, um etwas Gerechtigkeit unter die neun Inseln zu bringen: Im Palácio Santa Ana in Ponta Delgada steht der Stuhl des Regierungspräsidenten, Angra do Heroísmo auf Terceira ist Sitz des Ministro da República, des »Kontrollministers« aus Lissabon, in Horta auf Faial tagt das Regionalparlament. In diesem Regionalparlament ist jede Insel durch mindestens zwei Abgeordnete vertreten, und es wird alle vier Jahre neu gewählt. Bei den Regionalwahlen 1997 wurden die Sozialdemokraten nach 20jähriger Regierung durch die Sozialisten abgelöst.
Trotz der Machtverteilung ist die Eintracht nicht ungetrübt. »São Miguel, Terceira und Faial sind die Azoren, der Rest ist Landschaft«, beschreibt ein Jorgense das Verhältnis der drei großen Inseln zu den sechs kleinen – frei nach einem Zitat des portugiesischen Romanciers Eça de Queirós. »Die großen haben die Macht und den langen Arm. Zuerst wird bei ihnen investiert; die kleinen bekommen, was übrig bleibt.« Von Portugal erwartet man wenig, nichts von Europa.
Die Rivalität zwischen Ponta Delgada und Angra do Heroísmo, den beiden schönsten und größten Azorenstädten, hat etwas von der neidhaften Konkurrenz zwischen Primaballerinen. Sie hat historische Wurzeln. Seit der Siedlungszeit stand Ponta Delgada stets im Schatten der erfolgreicheren Schwester. 1534 erhielt Angra als erste Ortschaft der Azoren die Stadtrechte, Ponta Delgada erst zwölf Jahre später. Noch im selben Jahr 1534 erhob Papst Paul III. Angra zum Bischofssitz.
Angra wurde das religiöse Zentrum mit zahlreichen Kirchen und Klöstern, und bald zog die weltliche Macht nach. Nachdem der reformwütige Staatsminister Marquês de Pombal die Orden aufgelöst und das alte Feudalsystem der Donatários abgeschafft hatte, setzte er

Altar der Igreja Nossa Senhora da Esperança

An der Promenade zeigt sich Ponta Delgada im azoreanischen Barock

Markt in Ponta Delgada auf São Miguel

Nur am Wochenende wird es an der Praia de Populo richtig voll

Selbst auf São Miguel spielte Ponta Delgada nicht von Anfang an die Hauptrolle. Vila Franca do Campo hatte unter den Orten früh die Führung übernommen und erhielt deshalb als erste den Hauptstadttitel. 1522 sank der Stern von Vila Franca: Ein Erdbeben zerstörte die blühende Hafenstadt fast vollständig. Trotz des raschen Wiederaufbaus erhob König João III. 1546 Ponta Delgada zur Inselkapitale.
Die Menschen im modernen Ponta Delgada leben nach zwei völlig verschiedenen Rhythmen: Alltags eilen sie hektisch und hauptstadtgemäß durch die Straßen, abends und am Wochenende dagegen wirkt sogar die größte Stadt der Azoren wie leergefegt.

1766 einen Generalkapitän an die Spitze der Azoren, der in das palastähnliche Jesuitenkloster, den heutigen Palácio dos Capitães Gerais, einzog. Angra war nun Sitz der azoreanischen Zentralgewalt.

Angra, »die Heldenhafte«, war zweimal Portugals Hauptstadt

Zweimal, rühmen sich die Angrenser, sei ihre Stadt sogar Hauptstadt Portugals gewesen. Als 1580 der Spanier Felipe II. nach der portugiesischen Krone griff, widersetzte sich Terceira zugunsten des halblegitimen Thronfolgers António Prior do Crato; erst 1583 wurde auch Terceira spanisch. Der Einstieg ins 19. Jahrhundert machte Angra zum Zentrum des liberalen Widerstandes. Der absolutistische Miguel, Sohn von João VI., wurde zwar 1828 auf dem Festland zum König erklärt, aber die Azoren hielten zu dessen liberalen Bruder Pedro. Für den couragierten Einsatz in der Schlacht von Praia da Vitória, der zum Sieg der Liberalen beitrug, erhielt Angra den Beinamen »do Heroísmo«, die »Heldenhafte«.

Angras steiler Aufstieg setzte bald nach der Besiedlung ein. Die ersten Siedler legten die Straßen noch ypsilonförmig an, womit sie in bäuerlicher Tradition ein radiales Netz um den zentralen Markt schufen, der von allen Seiten beliefert wurde. Doch bereits Ende des 15. Jahrhunderts gingen die Angrenses zum gradlinigen Schachbrettmuster über. Die Stadt war dabei, sich in einen hochmodernen Dienstleistungsbetrieb zu verwandeln. »Während Europa im Agrarstatus verharrte, übernahm Angra eine völlig neuartige Funktion«, veranschaulicht Francisco dos Reis Maduro-Dias, der im Auftrag der Unesco den Wiederaufbau der Azoren-Metropole leitet, die Bedeutung der Stadt für die Schiffahrt zwischen der Alten und der Neuen Welt. »Sie entwickelte eine Art 'Industrie' für Schiffsreparaturen und Lebensmittel. Eine radikale Umwälzung für damalige Verhältnisse.«

Die geostrategisch günstige Lage, der geschützte Naturhafen, Winde und Strömungen machten Angra seit Kolumbus zum Sprungbrett Europas nach Amerika.

Bei Furnas wird ein großer Topf mit Cozido in die heiße Erde versenkt

Der Kratersee Caldeira das Sete Cidades hat einen Durchmesser von sieben Kilometern

São Miguel: Küste bei Ribeira Grande

Bei Ribeira Grande wandelt ein geothermisches Kraftwerk Erdwärme in Strom um

Auf der Teeplantage Gorreana

Viehmarkt in Ribeira Grande (unten)

São Miguel ist mit Vulkankegeln übersät. Geologen vermuten, daß die Insel aus sechs Vulkangruppen besteht, die durch mehrere Vulkanausbrüche zusammenwuchsen. Der gebirgige Osten mit der Serra da Tronqueira ist mit vier Millionen Jahren der erdgeschichtlich älteste Teil. Die Inselmitte hat sich vor gut 250 000 Jahren aus einem Vulkansystem mit heißen Quellen und Geysiren um den Krater Lagoa do Fogo aufgebaut. Der Westen um die Caldeira das Sete Cidades entstand bereits vor 500 000 Jahren, verschmolz aber mit dem anderen Vulkankomplex erst vor 50 000 Jahren.

Alle Schiffe, die vollbeladen mit den von Inkas und Mayas geraubten Schätzen ins Mutterland nach Europa steuerten, machten in Angra Halt. Die Seeleute füllten Proviant auf, tauschten Segel aus, behoben Leckagen, kurierten ihre Leiden im Hospital und fanden Schutz vor Piraten.

Als Zwischenstopp auf der Transatlantik-Route wurde Angra reich

In Hafennähe entstanden Quartiere mit Werkstätten von Tischlern, Küfern und Kistenmachern sowie Großbäckereien, Getreidelager, Frischwasserreservoirs und Trockenanlagen für Stockfisch. Der Duft von Eichenholz, nassem Tau, Teer und Tang lag in der Luft. Ihre Dienste ließen sich die Angrenses ordentlich bezahlen: Genügend Gold und Silber waren ja an Bord der Schiffe. Angra nahm einen enormen Aufschwung. Die vielen Adelspaläste und stattlichen Bürgerhäuser zeugen von dieser Blütezeit.

Die Bedeutung des Schutzhafens konnte nicht besser in Szene gesetzt werden als mit der gigantischen Festung São João de Batista, die die Spanier um 1585 bauten. Eine drei Kilometer lange Mauer umrundet den Berg Monte Brasil, der wie ein Pickel vor der Bucht aus dem Meer wächst. Zeitweise waren in der Bastion bis zu 1000 Soldaten stationiert und 400 Kanonen auf das Meer gerichtet. Zusammen mit der Festung São Sebastião auf dem Berghügel gegenüber nahm Angra feindliche Schiffe von zwei Seiten in die Zange.

Der unaufhaltsame Aufstieg von Ponta Delgada

Mit dem Aufkommen der Dampfschifffahrt, aber auch durch die Auflösung des portugiesischen Kolonialreichs kam der Niedergang: Ponta Delgada begann, Angra den Rang abzulaufen. Nur 1942 gewann Terceira noch einmal strategische Bedeutung als amerikanische Flugzeugbasis, die bis heute existiert. Zum Wohl und Wehe, meinen die Terceirenser, von denen viele dort arbeiten, viele sich aber auch an rücksichtslosen Flugübungen und kultureller Überfremdung stören.

Besiegelt wurde Angras Nebenrolle, als am Neujahrstag 1980 die Erde bebte. Innerhalb von elf Sekunden verwandelte sich die Pracht in ein Ruinenfeld. Die Stöße erreichten den Wert acht auf der

Mercalli-Skala. Ein Bauer erinnert sich: »Als das Beben geschah, wußte ich erst nicht, was los war. Ich sah nur, wie das Gras und der Boden darunter Wellen formten wie das Meer.« Die Bilanz war erschütternd: 36 Tote, 400 Verletzte, ein Drittel der Bevölkerung obdachlos. Die Katastrophe hatte kaum ein Haus verschont. Doch der Wiederaufbau wurde sofort in Angriff genommen. 1983 erklärte die Unesco Angra zum Weltkulturerbe, was den Befürwortern der originalgetreuen Restaurierung einen enormen Schub gab und die Gegner fast verstummen ließ. Daher präsentiert sich Angra heute in einem sonst nur selten anzutreffenden geschlossenen Stadtbild zwischen Renaissance und Barock.

Der »heidnische« Heilig-Geist-Brauch überlebte auf den Azoren

Die Azoren verdanken ihre Existenz der Gewalt des Vulkans, und die Menschen müssen mit ihm leben. Mehrmals in ihrer Geschichte mußten die Azoreaner hilflos zusehen, wie Häuser und Felder durch Erdbeben zertrümmert, unter glühender Lava verschwanden und alles Menschenwerk zunichte gemacht wurde. In dieser leidvollen Erfahrung wurzelt auch ihre tiefe Frömmigkeit. In ihrer Not riefen sie den Heiligen Geist an. Daß dies mit Opfergaben einherging und Leuten aus dem einfachen Volk Kronen aufgesetzt wurden, irritierte gleichermaßen Könige und Geistliche; doch sie ließen die Insulaner in ihrem »heidnischen« Tun gewähren. Die Azoren waren im Ozean isoliert, so daß keine Gefahr drohte. Und auf dem Festland war der Brauch längst vergessen. Zurückgeführt werden die Heilig-Geist-Bräuche auf die Königin Isabel, Portugals Nationalheilige, die im 13. Jahrhundert Brot an die Armen verteilte und einen von ihnen symbolisch krönte.

In den 57 Impérios von Terceira, den wie Privathäuschen wirkenden buntgestrichenen kleinen Tempeln der Heilig-Geist-Bruderschaften, bricht ab dem fünften Sonntag nach Ostern fröhliche Hektik aus. Es ist die Zeit der Festa do Espírito Santo, die sich mit zahlreichen Einzelfeiern bis in den August hineinzieht. Daß die kleinen, mit weißer Taube und Krone auf dem Dach verzierten Tempel »bewohnt« sind, ist an den Gardinen zu erkennen: Im Império werden Krone und Zepter des Heiligen Geistes aufbewahrt.

Angra do Heroísmo liegt geschützt vor dem Monte Brasil im Naturhafen

Stierkampf in Ribeirinha: Musikkapelle ... ... und Zuschauerin (unten)

Stierkampf ist auf den Azoren ein Volksfest. Der Kampf mit dem schwarzen Koloß wird auf verschiedene Weise ausgeführt. Die Tourada à Corda, den Stierkampf am Seil, gibt es jedoch nur auf Terceira – im Sommer fast jeden Tag. An den Hörnern des Stieres wird ein langer Strick befestigt, so daß er, wenn er durch die Straßen läuft, dirigiert und das Schlimmste verhindert werden kann. Die Männer an den Seilen heißen Pastores. Die Mutigen, die den Stier mit Tüchern und Regenschirmen zu reizen versuchen, heißen Capinhas. Nacheinander kommen immer vier Stiere in den Straßen zum Einsatz. Grundsätzlich wird der Stier in Portugal nicht getötet.

Mehr Volksfest als Kampf: Tourada à Corda

Império von Guarita in Angra do Heroísmo

Während des Festes wandern die Insignien des Heiligen Geistes für eine Woche in die mit weißen Papierrüschen geschmückte Wohnstube eines Imperadors. Er hat ein Gelöbnis abgelegt, und dafür wird er am Sonntag in der Kirche gekrönt – Gott und die Gemeinde sind Zeuge. Danach werden an alle Brot und Wein verteilt, und zur Blasmusik der Kapelle wird gefeiert.

Die Familie und das halbe Dorf kommen im Haus des Imperadors zusammen, um mit ihm die Heiliggeistsuppe aus Rindfleisch und Brot zu essen. Ein Jahr lang wurde eine Kuh gemästet, auf 400 Liter Wein und zehn 50-Kilo-Säcke Mehl gespart. Eine Woche lang haben zahlreiche Helfer an den Vorbereitungen für Fest und Festmahl gearbeitet, dekoriert, gebacken und gekocht, damit ordentlich gefeiert werden kann. Nach einer halben Stunde ist alles vorbei. Die 400 Gäste ziehen gesättigt zum nächsten Fest beim nächsten Império.

Mit ähnlicher Leidenschaft, nur weltlicher und tumultöser, finden in den Dörfern Terceiras Stierkämpfe, Touradas à Corda, statt. Um sich zu beweisen, lassen junge Männer den gereizten Koloß an einem Strick durch die Straßen laufen. Wer im allerletzten Moment den Hörnern über eine Mauer oder in einem Hauseingang entkommt, ist der Held. Bis in die Nacht wird ausgelassen bei guter Kost und viel Wein gefeiert.

Dank der »Insularidade« überlebte auch der Christus-Kult

Ihr spezielles Lebensgefühl nennen die Inselbewohner »Insularidade«. In der geographischen Begrenztheit und der Einsamkeit mitten im Ozean haben sich Traditionen und Bräuche länger als andernorts bewahrt, weil sie weniger äußeren Einflüssen ausgesetzt waren – und das ist noch heute so. Die Menschen sind aufeinander angewiesen, man hilft sich, nimmt Rücksicht. Je knapper die materiellen Möglichkeiten, desto größer erscheint manchmal die Nächstenliebe.

Selbst in Ponta Delgada, der 63 000-Einwohner-Stadt, haben sich viele Bräuche bewahrt. Der wichtigste ist der Christus-

Festa do Espírito Santo: Krönung ...

Kult, der ehrfürchtig gefeiert wird. Im rückwärtigen Chor der aufwendiggeschmückten Igreja da Nossa Senhora da Esperança des ehemaligen Nonnenklosters wird die lebensgroße Holzfigur des kreuztragenden Senhor Santo Cristo dos Milagres aufbewahrt.

»Vor der Statue haben sich zahlreiche Wunder ereignet«, flüstert die Nonne ehrfurchtsvoll im Angesicht des liebevoll mit Blumen geschmückten Altars. Papst Paul III. hatte sie den zwei Nonnen geschenkt, die 1546 in Rom um die päpstliche Erlaubnis für eine Klostergründung baten. 1700 wurde die wundertätige Figur erstmals bei einer Prozession durch die Stadt getragen. Seither geschieht das jedes Jahr im Mai unter großer Anteilnahme aller Azorenbewohner. Zur Festa do Santo Cristo dos Milagres werden Platz, Bäume und Laternen vor der Kirche mit bunten Lampions

Die Festa do Espírito Santo ist eines der wichtigsten religiösen Feste auf den Azoren, besonders auf Terceira und Pico, wo die Bräuche am ausdrucksvollsten und lebendigsten sind. Das Fest spielt sich in der Kirche, im Ort und in den Privaträumen des Imperadors ab. Festlicher Mittelpunkt sind die Impérios, kleine Tempel. Die Mordomos, durch Los gewählte Gastgeber, sind für die Ausrichtung des Festes im Ort verantwortlich. Sie lassen das ringförmige süße Brot (Massa Sovada) backen, das mit Blumen geschmückt und in den Impérios aufbewahrt wird. Brot spielt bei dem Fest eine zentrale Rolle. Es wird vom Priester geweiht, bevor es unters Volk verteilt wird.

... und Heilig-Geist-Suppe (unten)

Lavagestein formt in Boscoitos auf Terceira ein natürliches Meerwasserschwimmbecken

Kirche São Mateus in Calheta

Império, Heilig-Geist-Tempelchen, in Boscoitos

geschmückt. Der Asphalt verschwindet unter den Blumenteppichen, Zierbögen ziehen sich durch die Straßen. Kapellen sorgen nicht ganz taktgemäß für Musik. Laut ist es und eng obendrein. Wenn die »Festa« gefeiert wird, ist in Ponta Delgada für drei Tage kein Hotelbett mehr frei.

Im Zentrum São Miguels findet die Begegnung mit dem Elementaren statt. Unter der Erde, wo der Vulkan unruhig schläft, keuchen seine brodelnden Eingeweide. In Furnas entledigt er sich durch Geysire seines heißen, schwefelhaltigen Odems. Man fühlt sich wie in einer Sauna – würden die Ausdünstungen nicht so übel riechen. Hinter der schwarzen Felsspalte Pero Botelho hört man die Erde arbeiten.

Hitze, Quellen und Erdschlamm werden im Thermalbad von Furnas zu medizinischen Zwecken eingesetzt. Am Kratersee Lagoa das Furnas nutzen die Micaelenser die Erdhitze sogar zum Kochen. In einem Leinensack wird ein Topf mit allen Zutaten in eine vorbereitete, zwei Meter tiefe Kammer an einem Band in die Erde eingelassen, mit einer Holzplatte und Erde zugedeckt, damit nichts von der Erdkraft ungenutzt verströmt. Dort gart der Fleischtopf gut sechs Stunden lang. Gegen 12.30 Uhr wird der Cozido gehoben, eine seltene Spezialität.

Ein anderes vulkanisches Phänomen sind die Caldeiras. Diese »Suppenschüsseln« entstanden nach Vulkanexplosionen, bei denen der Vulkankegel weggesprengt wurde, die in die Höhe geschleuderte Lavamasse aber in den Kegel zurückfiel. Damit versiegelte sie den Boden, und durch Regenwasser bildeten sich Seen, wie die von Sete Cidades und Lagoa do Fogo. Oft sind sie in dichtem Nebel eingehüllt.

Das feucht-warme Klima in dieser fruchtbaren vulkanischen Welt hat die einsame Hügellandschaft mit einem dichten grünen Pflanzenteppich aus Lorbeer, Wacholder, Baumheide und vielen hundert Moosarten überzogen. Diese sattgrüne Welt wird wohl für immer ihren paradiesischen, unberührten Charakter behalten. Denn das Wetter ist äußerst wechselhaft und feucht, und so werden die abgelegenen Inseln nie unter den Strömen des Massentourismus verschwinden.

Santa Maria: Sonne, Wein und schöne Strände

An klaren Tagen kann man von São Miguel aus Santa Maria sehen. Das ist die Zeit für einen Ausflug. Erdgeschichtlich die älteste Insel, war sie die erste, die entdeckt und besiedelt wurde. In Schwung kam die Wirtschaft erst im 19. Jahrhundert mit dem Anbau von Orangen, die hier besonders gut gedeihen. Ein kurzer Aufschwung, der wegen einer Baumkrankheit nicht lange anhielt.

Ihrer südlichen Lage verdankt sie das sonnigere Klima, was viele Azoreaner und Festlandportugiesen an die hellsandigen Strände zieht, die als die schönsten der Azoren gelten. Dahinter liegen die Weinhänge wie in den Fels aufsteigende Treppen, die die Marienses mühsam angelegt haben. Leuchtend weiß schillern die Häuser mit ihren überdimensionierten weißen Algarve-Schornsteinen in der grünen Landschaft.

REISE-INFO AZOREN: OSTEN

Santa Maria

Anreise: Mehrmals wöchentlich Flugverbindungen von Ponta Delgada mit SATA Air Açores, Rua Dr. Luís Bettencourt 92, Vila do Porto, Tel. 886501.

Unterkunft: Angenehm, freundlich, das »Praia de Lobos« (34 Zi., Rua Mercado, Vila do Porto, Tel. 882286, Fax 82482). Quartier mit Strand und Meeresrauschen vor der Haustür offeriert das Aparthotel »Mar e Sol« (10 Ap., Praia Formosa, Vila do Porto, Tel. 884499, Fax 84316).

Essen/Ausgehen: Hervorragend Fisch ißt man im »Canoa« (Rua do Cotovelo, Tel. 882691). Im Bar-Restaurant »Padaria Velha« gemütliche Atmosphäre (Estrada de Baixo, Tel. 886129).

Information: Posto de Turismo, im Flughafen, 9580 Vila do Porto, Tel. 886355.

São Miguel

Anreise: Direktflüge von Lissabon: TAP Air Portugal, Avenida Infante D. Henrique, Tel. 2001210. Mehrmals wöchentliche Flugverbindungen von/nach allen Inseln mit SATA Air Açores, Avenida Infante D. Henrique 55, Ponta Delgada, Tel. 282311.

Unterkunft: Komfort mit Atmosphäre bietet das Hotel »São Pedro«, ein Adelshaus von 1812, stilvolle Ausstattung, ruhige Lage im Zentrum (26 Zi., Largo Almirante Dunn, Ponta Delgada, siehe Karte, Planquadrat C 3, Tel. 282223, Fax 629319). Am Stadtrand liegt das Landgut Estalagem »Senhora da Rosa«. Moderne stilvolle Einrichtung, Restaurant mit hervorragender regionaler Küche (28 Zi., Rua Senhora da Rosa 3, Fajã de Baixo C 3, Tel. 628150, Fax 629939). Ein Quartier mit Klosterambiente, freilich ohne Askese, im »Convento de São Francisco« (5 Zi., Carreira de São Francisco, Vila Franca do Campo E 4, Tel. 583532, Fax 53534). Zivilisationsmüde finden in der »Quinta das Queimadas« einen Zufluchtsort mitten im Grünen (Vila de Nordeste H 2, Tel. 488578). Kuratmosphäre: Heiße Quellen und ein tropischer Park gehören zum Hotel »Terra Nostra« im Art-deco-Stil (79 Zi., Rua Pe. José Jacinto Botelho, Furnas F 3, Tel. 584133, Fax 54304).

Essen/Ausgehen: In Ponta Delgada: Café-Restaurant »Gil« für den gepflegten Hunger oder den schnellen Imbiß (Rua Diário dos Açores 20, Tel. 285548). Gewölbeatmosphäre macht das »O' Corisco« gemütlich, regionale Küche (Rua Manuel da Ponte 28, Tel. 284444). »Sentado em Pé« ist »in«, ohne Reservierung braucht man viel Glück (Rua Dr. Guilherme P. Falcão, Tel. 286818). Zeitungen, Tabak und Espresso bis 22 Uhr in der »Café-Tabacaria Açoreana« (Rua Diário dos Açores).
Außerhalb von Ponta Delgada: Cozido bekommt man in Furnas im »Terra Nostra« (s. o.), »Miroma« (Rua D. Frederico M. Pereira 15, Tel. 58422) und »Tony's« (Largo do Teatro 5, Tel. 584290); Menüpreis ca. 2600 Esc., unbedingt reservieren. Rustikal das »Lagoa do Fogo« und ein Publikumsmagnet: Ein Bach fließt durch die Bar (Estrada Regional da Lagoa do Fogo, Ribeira Grande, Tel. 47201).

Nachtleben: Man geht auf einen Cafezinho (Espresso) ins Café, bei gutem Wetter mit Esplanada (Stühle im Freien), z. B. an der Uferstraße Avenida Infante D. Henrique. Bars öffnen ab 22 Uhr, vor Mitternacht ist nirgendwo etwas los. Jung, elegant und witzig ist das »Café com Letras« mit origineller Mischung aus Bar, Life-Musik und Bibliothek (Rua Diário dos Açores 27-B, Tel. 628561). Im »Xantariz« treffen sich jung und alt. Kino und Kulturprogramm im »Teatro Micaelense« (Largo de São Paulo, Tel. 284242).

Sehenswürdigkeiten: Ponta Delgada (C 3): Typisch azoreanischen Barock zeigt die Häuserzeile der Avenida Infante D. Henrique, Igreja do Colégio, Igreja de São José und Igreja de Todos-os-Santos. Die Hauptkirche Igreja Matriz de São Sebastião (16. Jh.) im manuelinischen Stil, später barock verändert (Largo Matriz). Reich geschmückt mit Azulejos und Talha Dourada: Igreja Nossa Senhora da Esperança, in deren Chor die Christusfigur des Senhor Santo Cristo dos Milagres zum gleichnamigen Kult aufbewahrt wird (tgl. um 16.30 Uhr zum Gebet geöffnet, Praça de 5 de Outubro).

Ausflüge: Geysire, Fumarolen und Heilquellen in Furnas (F 3). Vila Franca (E 4), erster Hauptort auf São Miguel, heute ein verträumtes Fischerdorf. Im Norden Ribeira Grande (D 2): Städtchen mit hübschem Ensemble aus Rathaus, Uhrenturm, Park und Igreja do Espírito Santo.

Museum: Museu Carlos Machado mit Ausstellung zur frühen Siedlungsgeschichte und Azoren-Geologie (Ponta Delgada, Rua João Moreira; Di–Fr 9.30–12.30 und 14–17.30, Sa/So 14–17.30 (Mai–Sept.), Di–Fr 10–12 und 14–17.30, Sa/So 14 bis 17.30 Uhr (Okt.–April).

Feste: Am 5. Sonntag nach Ostern die Festa do Santo Cristo dos Milagres, höchstes religiöses Fest auf São Miguel, drei Tage lang Prozessionen, Blumenteppiche, Illuminierung der Igreja da Nossa Senhora da Esperança und Kulturprogramm. 24.–29. Mai die Festa de São

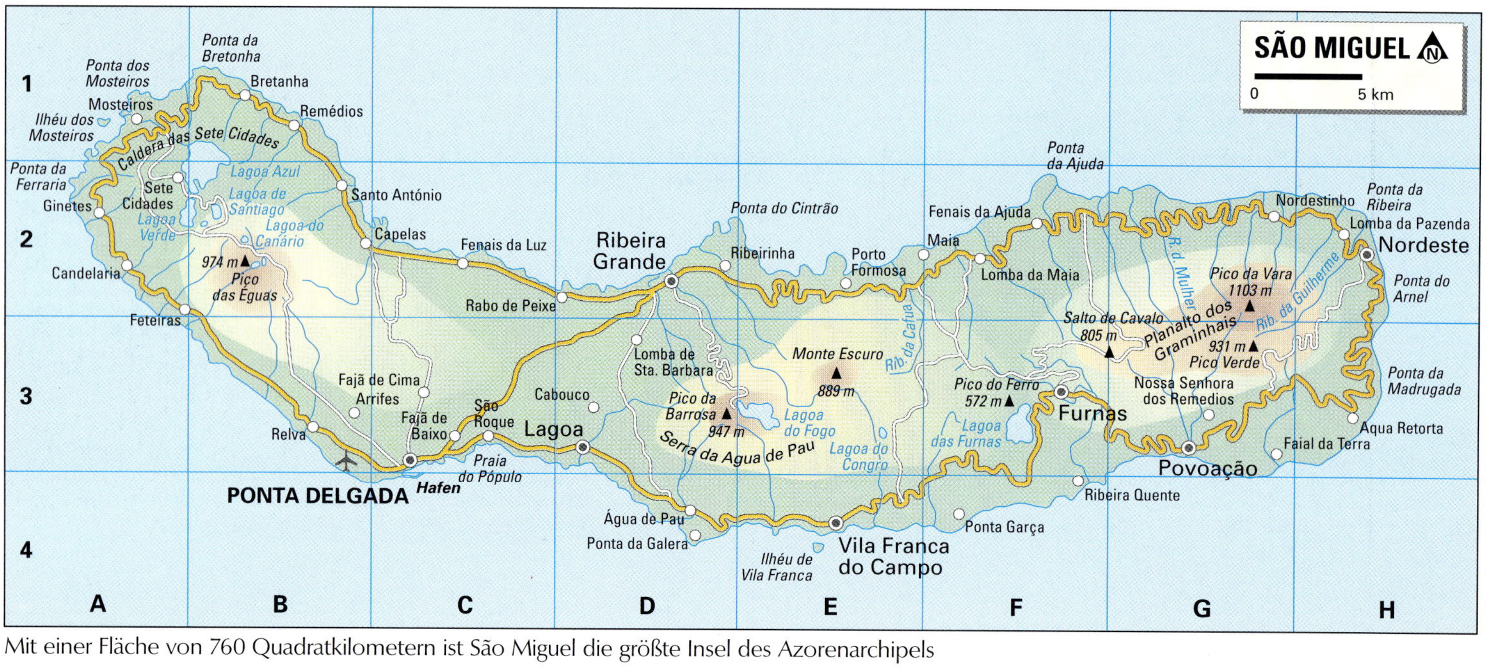

Mit einer Fläche von 760 Quadratkilometern ist São Miguel die größte Insel des Azorenarchipels

João zu Ehren des Schutzpatrons. In Ribeira Grande am 29. Juni Festa de São Pedro (oder Cavalhadas de São Pedro) in der Tradition mittelalterlicher Ritterspiele.

Information: Posto de Turismo, Avenida Infante D. Henrique, 9500 Ponta Delgada, Tel. 285152, Fax 22211.

Terceira, »die Dritte«, ist 382 Quadratkilometer groß

Terceira

Anreise: Direktflüge von/nach Lissabon mit der TAP Air Portugal, Rua da Sé, Angra, Tel. 216489. Mehrmals wöchentlich Flugverbindungen zu allen Inseln mit SATA Air Açores, Rua Esperança 2, Angra de Heroísmo, Tel. 212013. Wöchentliche Fährverbindungen nach Faial, Pico, São Jorge und Graciosa: Transmaçor, Rua Nova 29, Horta, Tel. 293334 und Açor Lines, Rua Dr. Caetano de Andrade 5, Ponta Delgada, Tel. 302370.

Unterkunft: Für eine 3-Sterne-Kategorie sehr komfortabel ist das Hotel »Beira Mar«, alte Stadtvilla direkt am Meer, gutes Restaurant mit regionalen Speisen (Largo Miguel Corte-Real, Angra, siehe Karte, Planquadrat C 4, Tel. 215188, Fax 628248). Stilvolles Wohnen im Herrenhaus (TH): Purer Luxus ist die »Quinta da Nasce-Água« mit Garten und Pool (16 Zi., Vinha Brava, Tel. 628501, Fax 628502).
Ein Abenteuer ist die »Quinta do Martelo«. Regionstypisches Quartier, moderner Komfort, aber unter liebevoller Bewahrung von Traditionen. Angeschlossen das »Centro Etnográfico«, das den Besucher zurück ins Bauerntum von vor 200 Jahren versetzt. Obendrein die beste Adresse für typische Regionalküche und Eßkultur (10 Zi., Canada do Martelo 24, São Mateus B 4, Tel. 642842, Fax 642841). Ordentlich und mit allem, was man braucht, das Residencial »Terezinha« (34 Zi., Praceta Dr. Machado Pires, Praia da Vitória E 2, Tel. 513032, Fax 542202).

Essen/Ausgehen: Gemütliche Kelleratmosphäre zwischen Weinfässern und Regalen, gute Regionalküche in »Adega Lusitania« (Rua de São Pedro 63, Angra, Tel. 212301). Etwas kühler die Atmosphäre in der »Casa de Peixe«: im ehemaligen Fischkühlhaus köstliche Fischgerichte (Rua Gaspar Corte Real, Angra, Tel. 217678). Ein Himmelreich für Schleckermäuler, die Teilchen in der Pastelaria »Central« (Largo Prior do Crato 15, Angra).

Sehenswürdigkeiten: Angra (C 4): Der Colégio dos Jesuitas ist ein Prachtbau (17. Jh.), der Bände über die Macht des Ordens spricht. Kirche mit Talha Dourada und Delfter Kacheln (Rua do Palácio). Markant überragt die doppeltürmige Fassade der spätgotischen Kathedrale Sé de São Salvador das Häusermeer: interessanter Hochaltar, geschnitzte Holzdecke und Azulejos (Rua da Sé). Direkt am alten Hafenkai des 15. Jh., hat die Igreja da Misericórdia Angras Aufstieg mitangesehen; Barockfassade später ergänzt (Rua do Santo Espírito); 1997 wurden bei Straßenarbeiten Reste des alten Kais gefunden, die jetzt restauriert werden. Convento de São Gonçalo (16 Jh.), einst Klarissinnenkloster, heute Armenhaus; interessante Kirche mit reichem Talha- und Azulejoschmuck, zwei Chören und dunkelhäutigem Jesus Christus als Altarfigur. Die Festung São João de Batista (Militärbesitz), ist nur nach vorheriger Anmeldung zu besichtigen (Info beim Turismo).

Ausflüge: Die Höhle »Algar do Carvão« (C 2) entstand bei einem Vulkanausbruch: Grottenlandschaft, See (Juni bis Sept., 15–17 Uhr; Info, Führungen: Os Montanheiros, Rua da Rocha 6, Angra, Tel. 212992).
In Biscoitos (B 1) schuf ein Lavafeld die Grundlage für den Verdelho-Wein. Weinliebhaber Luís Brum zieht im kuriosen »Museu do Vinho dos Biscoitos« Bilanz der wechselvollen Weingeschichte auf Terceira. Weinprobe und Verkauf (Canada do Caldeiro, Biscoitos/Praia da Vitória, Tel. 98305, im Sommer tgl. 9–18 Uhr, im Winter tgl. 10–16 Uhr).
Praia da Vitória, Hafenstädtchen im Osten (E 2): Rathaus mit schöner Treppenanlage und Glockenturm, gelb-weißer Pfarrkirche, ein hübsches Império und goldgelber Badestrand.

Feste: Nach Ostern bis August Festa do Espírito Santo (Heilig-Geist-Fest). Von Mai bis September Tourada à Corda, Stierkampf als Straßenfest. Vom 24.–29. Mai Festa de São João zu Ehren des portugiesischen Schutzpatrons, in Angra als Festa de Sanjoaninas bekannt.

Information: Posto de Turismo, Rua Direita 70, 9700 Angra, Tel. 216109.

Auf Santa Maria erinnern die breiten Kamine an die ersten Siedler aus der Algarve

RAPA
MPLS, MN
USA
JULI AND EUGENE
OCTOBER 17, 1994

Faial: Insel der Segler und Weltenbummler

Großes Foto: Marina von Horta auf Faial. Kleines Foto: Whale-Watching-Tour vor Pico.

Unter Yachtkapitänen gilt Faial als obligatorische Station auf dem Weg zwischen Amerika und Europa. Dank der Segler spürt man in der kleinen Inselkapitale Horta internationales Flair. Von dort bietet sich ein phantastischer Blick auf die Nachbarinsel Pico mit dem höchsten Gipfel Portugals. Piraten und Walfang, Erdbeben und Vulkane haben auch das Leben auf den anderen Inseln Corvo, Flores, Graciosa und São Jorge geprägt. Je kleiner die Inselflecken, desto weiter entfernt scheinen sie vom lärmenden Europa.

Hier dümpeln sie im sicheren Hafen: Aus aller Welt kommen die schnittigen Hochseeyachten, um in der Marina von Horta den Mastenwald zu formieren. Im Wind hört man die Wanten klappern, ein Rapport von Fernweh, Romantik und Abenteuer. Jährlich laufen an die 1700 Yachten ein, die meisten zwischen März und Juli, bevor die Orkansaison beginnt.
Faials Hafen ist eine Pflichthaltestelle für Atlantiküberquerer. Nach Tagen auf See

Faial: Der Esel ist ein gängiges Verkehrsmittel

haben Segler und Weltenbummler erstmals wieder festen Boden unter den Füßen. Wie ihre Kollegen seit vielen Jahrzehnten füllen sie in Horta die Vorräte ihrer Kombüsen auf, besorgen Reparaturen und holen in »Peter's Café Sport« Post ab. Sorgfältig in Kästen geordnet, hütet Peter Azevedo sen. hinter der Holztheke Briefe, Telegramme und Karten, die darauf warten, daß jemand kommt und nach ihnen fragt.

Peter's Café Sport« ist eine Institution im Nordatlantik – Kneipe, Treffpunkt, Postamt, Wechselstube, Informationsbörse und Zentrale für Wetterprognosen. Zwischen den Häusern an der Uferstraße mit dem eigenwillig karibisch-amerikanischen Flair hat sich die ozeanblaue Holzfassade seit der Gründung 1918 kaum verändert. See- und Landratten rennen ihm die Bude ein – häufig nur auf einen Gin Tonic. Es geht zu wie auf einem Marktplatz, und Platz ist häufig knapp.
Für die Skipper gilt das ungeschriebene Gesetz, an der Mole ein Gemälde, einen

In der Postkiste in »Peter's Café Sport« lagern manche Briefe Jahre

Die barocke Igreja Matriz de São Salvador in Horta gehörte den Jesuiten

Ponta de Capelinhos: Die Folgen der Eruption 1957 sind noch zu sehen

Überall auf den Azoren sieht man noch die alten, ganz unterschiedlichen Windmühlen, die der Landschaft etwas Romantisches verleihen. Doch viele verfallen. Auf Faial stehen noch mehrere dieser farbenfrohen, vierflügeligen Gebäude, etwa in Conceição, bei Flamengos oder Espalamaca. Eine der drei Mühlen in Espalamaca ist noch in Betrieb und kann besichtigt werden. Die Mühlen von São Jorge sind ein- oder zweiflügelig, blau, grau oder rot gestrichen, und es rotiert ihr oberes Holzteil. Auf Graciosa sitzt den weißen Mühlen ein Zwiebelturm auf, an dem vier Windräder befestigt sind.

Conceição: Auf Faial sieht man noch einige gut erhaltene, teils restaurierte Windmühlen

Namen oder wenigstens ein Datum zu hinterlassen. »Das stimmt Rasmus, den Gott des Windes, gewogen«, wissen Karl und Franz aus Deutschland, die gerade ihre »Out of the Blue« verewigen. Seemannsgarn – aber ganz sicher ist sich da keiner. Der Brauch hat die Kaimauern von Hortas Marina jedenfalls in eine originelle Open-air-Galerie verwandelt.

In Faial mischen sich Bodenständigkeit und »American Way of Life«

Nicht nur in der Marina, auf ganz Faial spürt man internationales Flair – eine Mischung aus »American Way of Life« und insularer Bodenständigkeit. Fast jeder Dritte spricht Englisch, weil er entweder in den USA gearbeitet oder dort Verwandte hat. Faials weltoffene Art hat Tradition. Die ersten Siedler stammten von seefahrenden Völkern ab, insbesondere Portugiesen und Holländer. Sie kultivierten die Färberpflanze Pastell, mit der sich ein weitverzweigter, reger Handel anbahnte, der auch Piraten anlockte. Später kamen ertragreiche Produkte wie Tabak, Wein, Orangen und Waltran hinzu, mit denen der seit 1808 in Horta ansässige amerikanische Konsul John Bass Dabney im Eiltempo ein Wirtschaftsimperium aufbaute. Die um die Jahrhundertwende einsetzende weltweite Vernetzung machte Horta zum Standort internationaler Unternehmen: Mehrere Telegraphengesellschaften wählten Faial Ende des 19. Jahrhunderts als Relaisstation für ihre Überseekabel. Bereits 1876 hatten die Faialenses mit dem Ausbau des Hafens begonnen, der sich ab 1919 zum Landeplatz von Wasserflugzeugen und Zwischenstopp von Transatlantikflügen mauserte. Daß Horta als Sitz des Regionalparlaments und Verwaltungszentrum die Dritte im Bunde der insularen Machtzentralen und auch das Zuhause zahlreicher Bürokraten ist, spürt man dagegen kaum.

Den Namen hat Faial von einer Pflanze, dem Buchen-Busch, der bis heute überall zu finden ist. Dennoch ist die »blaue Insel« vor allem berühmt für die zahlreichen Hortensienbüsche. Die um 1850 importierten Büsche fassen Weideplätze ein und dekorieren Straßenränder. Im Sommer schmücken ihre blauen und weißen Blütenkugeln Faial. Besonderen

Hafeneinfahrt von Madalena auf Pico mit Leuchtturm und dem »stehenden« Felsen »Em Pê«

Charme besitzt die Nordküste, die im Windschatten des Cabeço-Gordo-Berges üppige Weiden in einer einmalig schönen Landschaft hervorgebracht hat. Mittendrin liegt Cedros, ein verträumtes Dorf, wo die Bauern die Felder immer noch mit Ochsen bestellen und die rustikalen Häuser mit prächtigen Ziergärten versehen haben.

Niemals werden die Faialenses vergessen, was am 27. September 1957 geschah. »Die Erde bebte und zitterte wochenlang wie ein Mehlsieb«, berichtet Senhor José Cunha, der damals 33jährige Augenzeuge. Als Walspäher hatte er in seinem Wachturm die ersten Anzeichen registriert. »Als der Vulkan ausbrach, rannten wir nach Capelinhos, um uns das Spektakel anzusehen. Aus dem Meer schossen Aschefontänen, die eine Höhe von ungefähr 4000 Metern erreichten. Der Vulkan schleuderte das Magma so

Direkt am Hafen von Madalena steht die 1899 außen erneuerte Kirche Santa Maria

hoch in die Luft, daß es unterwegs erkaltete und steinhart zur Erde fiel. Daß von diesen Bomben niemand erschlagen wurde, grenzt an ein Wunder.« Viele waren von der gewalttätigen, archaischen Kraft der Natur fasziniert. Auch der damals 11jährige António Rodrigues Marques lief zum speienden Vulkan. »Es war ein erschreckendes und zugleich wunderschönes Schauspiel.«

Mit Unterbrechungen blieb der Vulkan bis zum 24. Oktober 1958 aktiv. Danach erlosch er. Zurück blieb die schwarze Verwüstung. Viele Menschen hatten Haus und Hof verloren, etliche wanderten nach Amerika aus, wo heute mehr als eine Million Azoreaner leben. Dem Leuchtturm an der Ponta dos Capelinhos steht die Asche noch heute bis zum Hals. Wie ein Mahnmal ragt sein Gerippe, einst zwei Stockwerke hoch mit einem 37-Meter-Turm, aus dem kargen Boden, wo nichts Grünes mehr wächst. Auch die Häuser der hier lebenden Walfänger walzten Schlamm- und Lavaströme nieder.

Pico: Der Vulkan beherrscht Alltag und Geographie

Deutlich zeichnet sich der ebenmäßige Vulkankegel auf der Nachbarinsel Pico bei klarem Wetter ab. Die nur sechs Kilometer breite Ozeanstraße zwischen Faial und Pico trennt Welten. Während auf Faial die sanfte Hügellandschaft Raum für Weite schafft, macht sich auf Pico der gewaltige Feuerberg breit. Der mit 2351 Metern höchste Berg Portugals fordert so viel Platz, daß er den Menschen nur den schmalen Küstenrand zum Leben läßt. Tagelang verbirgt er sich hinter Wolken, und eines Morgens zeigt er sich dann in voller Größe, schön und bedrohlich.

Seit zweieinhalb Jahrhunderten hat der Vulkan nicht mehr gespuckt. Damals waren die Picarenses über den Gewaltakt der Natur so erschrocken, daß sie den Ausbruch als Wutanfall Gottes deuteten. Über Nacht wurden Lebenswerke zunichte gemacht. Die Lavafelder, für deren Entstehung die Insulaner keine Erklärung fanden, nannten sie »Mistério« – Rätsel. Weite Gebiete waren immer wieder mit glühenden Basaltmassen bedeckt worden, die seltsame Formationen, Schlauch- und Wulstlava bildeten, wie etwa beim Mistério de Santa Luzia. Andere Lavafelder hat die Natur überwuchert; man erkennt sie nur noch an der Wellenform des Bodens.

Weinbauer bei Areia Larga bei Madalena

Die Picarenses haben sich mit ihrem Vulkan eingerichtet. Die Lava lieferte den Baustoff für ihre schwarzen Steinhäuser. Um ihre Felder, besonders die Weinreben, vor dem scharfen Seewind zu schützen, schichteten sie Lavabrocken zu endlosen, hüfthohen Mauern (Moroiços) und Parzellen (Currais) auf, die die Küstenregion wie ein engmaschiges Spinnennetz überziehen. Wo die Lava keine Verwendung fand, trugen sie die Bewohner zu großen, nutzlosen Haufen zusammen.

Die wärmespeichernde Lava begründete auch den guten Ruf des kräftigen Verdelho-Weins, der sogar von den Zaren in Rußland geordert wurde. Die madeirensische Verdelho-Rebe wurde bereits um 1460 eingeführt. Da auf der

Lavasteinmauern schützen die Weinreben auf Pico

Wein ist auf Pico ein Traditionsprodukt. Seit dem 16. Jahrhundert tauschten die Picarenses Wein und erhielten von den Faialenses im Gegenzug Getreide und Brennholz, später Gas. In den alten Adegas, wie man sie bei Cachorro noch sehen kann, wird heute kaum noch Wein hergestellt. Die Reben gedeihen auf den schwarzen fruchtbaren Lavafeldern. Neben dem Qualitätswein gibt es den typischen roten Landwein Vinho de Cheiro, was wörtlich übersetzt »Geruchswein« heißt. Er ist kräftig im Geschmack und wird bei allen Volksfesten ausgeschenkt. In den Läden ist er jedoch nicht erhältlich.

Der Walfang ist vorbei, doch auf See gehen die Fischer immer noch

steinigen Insel aber kaum etwas anderes wuchs, geriet sie nun in die Abhängigkeit geschäftstüchtiger Faialenses. Sie erhielten im Tausch für Getreide Wein, den sie als »Faial-Wein« mit großem Gewinn verkauften. Die Picarenses nehmen ihren Nachbarn das bis heute übel. Mitte des 19. Jahrhunderts vernichtete die Reblaus Picos Weinernte. In Scharen wanderte die notleidende Bevölkerung aus. Nur der lukrative Walfang, der seit etwa 1750 neben den Wein getreten war, hielt die Familien.

In der Bucht von Cachorro, wo sich Lavamassen bizarr ins Meer geschoben haben, Säulen und Bögen formten und die Brandung am Fels kracht, spritzt und schlürft, entlädt ein Sightseeingbus seine Fracht. Eine Truppe Amerikaner in Shorts und mit Kamera vor dem Bauch spaziert aufgeregt auf der Felskante hin und her. »Quê bonito!« hört man mit amerikanischem Akzent – Azoreaner auf Entdekkungstour durch ihre einstige Heimat.

Die moderne Jagd auf Wale: Whale-Watching

Enge Beziehungen nach Amerika hatten sich bereits Mitte des 18. Jahrhunderts angebahnt, als amerikanische Walfangflotten den großen Bestand an Pottwalen vor den Azoren entdeckten. Sie rekrutierten azoreanische Harpuniere und Ruderer von Pico, Faial und São Jorge, die sich wegen ihrer Geschicklichkeit schnell einen Namen machten. 1876 begannen die Picarenses in Lajes, ihre eigene Flotte aufzubauen. Sie erlegten den Wal noch mit dem Speer, als der Walfang 1989 verboten wurde. »Es war ein blutiger, fairer Kampf zwischen dem Mann und dem 25 Meter langen Tier«, sagt der Schriftsteller João Dias de Melo aus Lajes, der sich dem Walfang literarisch widmet. »Brutal waren die Norweger, Deutschen und Japaner, die den chancenlosen Wal mit Kanonen und Elektroschocks erledigten.«

Heute nähern sich die Leute auf Pico den großen Meeressäugern nur noch auf friedlichem Wege. Whale-Watching heißt die große Attraktion in Lajes und São Mateus. Manchmal schwimmen die Wale und Delphine zum Streicheln nah an die Boote heran. Geduld ist eine Grundvoraussetzung für eine Begegnung mit Moby Dick. Der Skipper hat einen direkten Draht zum Beobachtungsposten an der Küste, der per Funk die Koordinaten der gesichteten Tiere durchgibt. Plötzlich zeichnet sich auf dem spiegelblanken Meer eine graue Insel ab, die grunzend eine Fontäne hochpustet. Eine riesige Schwanzflosse taucht auf. Dann schießt der 35-Tonner mit einem geräuschvollen Sprung aus dem Meer und verschwindet wieder. Wie klein man sich fühlt.

Esel und Maultiere sind für die Milchbauern auf São Jorge bis heute unersetzlich

Der Park Jardim da República in Velas, der wichtigsten Stadt von São Jorge, ist ein beliebter Treffpunkt

Beim Anflug auf São Jorge streckt sich die Insel wie ein dickes, im Wasser faulenzendes Krokodil aus. An den Rändern der Steilküste erkennt man die für die Insel so typischen Auswülstungen, sogenannte Fajãs, insgesamt 46 Lava-Zungen, die nach vulkanischen Eruptionen auf dem Wege ins kalte Meer gestoppt wurden.

Auf den fruchtbaren Fajãs fühlt man sich losgelöst von der Erde – ein Platz für Philosophen und Träumer. Hier, wie auch auf den noch kleineren Inseln Graciosa, Flores und Corvo, versteht man, was João de Melo mit dem »intimen Universum und der Zeitlosigkeit der Inseln« meint. Gegen alle Gesetze des Fort-

Käserei in Norte Grande: Der Käse im Trockenraum wird täglich gewendet

Hinter der Vulkanruine des Morro bei Velas erhebt sich der Pico

Die Fajã do Ouvidor bei Norte Grande ist eine der schönsten der Insel

Fast die Hälfte der Gesamtfläche der Azoren wird landwirtschaftlich genutzt und davon wiederum die Hälfte als Weideland. Kühe sind überall zu sehen, besonders auf São Jorge, der Hochburg der azoreanischen Käseproduktion. Dort stellen neun Milchkooperativen Käse her. Das Luxusprodukt »Queijo São Jorge Especial« reift mindestens vier Monate, die »Normal«-Version drei Monate. Der junge Käse heißt schlicht »Queijo Ilha«. Der Queijo de São Jorge wird in alle Welt exportiert.

schritts und Komforts harren die Menschen auf den Eilanden in der Einsamkeit aus, wo der Maulesel noch immer ein gängiges Fortbewegungsmittel ist. »Je Kilometer, zehn Minuten«, erklärt ein Bauer lachend. Links und rechts hängen Milchkannen, und die Beine baumeln bequem auf einer Seite.

Die besten Grundstücke auf São Jorge gehören ohnehin den Rindern. Wo sich andernorts an den Küsten Hotel an Hotel reiht, grast hier das Vieh. Die Koppeln sind auf São Jorge durch die knorrige azoreanische Busch-Erika (Urze) abgetrennt, die der rauh wirkenden, sehr grünen Landschaft einen noch rauheren, grüneren Akzent gibt; die Urze braucht Jahrzehnte, um sich als Busch zu entwickeln.

Von den 25 000 Rindern stammt die Milch, die den Rohstoff für einen delikaten Käse bildet, für den São Jorge berühmt ist. Die älteste Käserei ist die Cooperativa de Leitaria da Beira von 1927. Bäuerliche Romantik wurde hier jedoch aufgrund zahlreicher EU-Normen und -Gesetze längst durch High-Tech ersetzt.

Als der Vulkan Pico da Esperança das letzte Mal 1808 seine Eingeweide aus dem Schlund nach oben schleuderte, war Gottes Hand mit im Spiel. Im Dorf erfährt man, daß er den Lavastrom direkt vor dem Kirchturm von Urzelina stoppte, weil im Turm die Krone des Heiligen Geistes aufbewahrt wurde.

Graciosa bietet kleine Buchten mit schönen Sandstränden

Graciosas Landschaft macht ihrem Namen »die Liebliche« alle Ehre. Sanft heben und neigen sich die Hügel. Idylle breitet sich in den kleinen Buchten mit dem weißen Sandstrand aus. Mit ihren weiten grünen Grasteppichen macht sie São Jorge Konkurrenz, mit der früher eine enge Handelsbeziehung bestand: São Jorge lieferte Trinkwasser, Graciosa Wein und hochprozentigen Aguardente. Die Vieh- und Milchwirtschaft führte Heinrich der Seefahrer ein, der hier Schafe und Ziegen aussetzen ließ. Zusammen mit guten Weizen- und Maisernten begannen Handel und Inselleben aufzublühen. Die weißgetünchte Kirche im Hauptort Santa Cruz besitzt noch ein Taufbecken aus jener »goldenen Zeit« König Manuels I. Ansonsten steht die Kirche hier noch im Dorf, ist bescheiden und gut besucht. Wer hier nicht zur Ruhe kommt, hat selber schuld.

Flores – eine Schiefertafel, vom Blumenteppich überzogen

Je kleiner die Inseln, desto größer scheint die Welt zu werden. Flores ist wie alle Azoreninseln vulkanisch geprägt, und unter dem atlantischen Einfluß wuchert die Natur auf dem fruchtbaren Boden. Der Schriftsteller António Tabucchi beschreibt sie als eine »vom Blumenteppich überzogene Schiefertafel«, mit Abgründen und Schluchten zwischen wildwuchernden Hecken aus Hortensien und Rosen.

Blick von Monte das Cruzes auf die Ostküste der grünsten und wasserreichsten Azoreninsel Flores

Auf der Praça der Inselhauptstadt Santa Cruz

In Santa Cruz das Flores

Corvo ist die kleinste Insel des Archipels und der kleinste Bezirk Portugals. Sie entstand bei einem einzigen Vulkanausbruch. Die 300 Einwohner leben wie eine große Familie, die meisten in Vila Nova. Für die Corvinos ist es wie eh und je ein Ereignis, wenn das Versorgungsschiff im Hafen einläuft, und ebenso ist es, wenn man einen der Fremden bei einer Inselerkundung trifft. Auch auf dem Krater, der mit 700 Metern höchsten Erhebung Corvos, ist man mit sich und der Welt in Frieden. Die Azoren fühlten sich schon immer durch Armut, Isolation und das Vergessensein stigmatisiert, aber auf Corvo, schreibt João de Melo, vergäßen die Leute sogar das Vergessen.

REISE-INFO AZOREN: WESTEN

Corvo

Anreise: Wöchentliche Flugverbindungen mit der SATA Air Açores, Flughafen, Tel. 56170. Fährlinie nach Flores ohne festen Fahrplan (Kapitän Agostino, Hafen von Santa Cruz/Flores, Tel. 52289).

Unterkunft: Einziges akzeptables Quartier ist die Pension »Casa de Hóspedes« (6 Zi., Vila Nova, Tel. 56132).

Sehenswürdigkeiten/Ausflug: Der Heilig-Geist-Tempel im alten Ortsteil auf einem schönen Aussichtspunkt (Largo do Outeiro). Kratersee Caldeirão.

Faial

Karte: Seite 73, Planquadrat A/B 2–4.

Anreise: Direktflüge mit der TAP ab Lissabon: TAP Air Portugal, Rua Vasco da Gama 28, Horta, Tel. 292665. Tägliche Flugverbindung zu allen Inseln mit SATA Air Açores, Largo do Infante, Horta, Tel. 293911. Wöchentliche Fährverbindungen nach Terceira, Pico, São Jorge und Graciosa: Transmaçor, Rua Nova 29, Horta, Tel. 293334. Eine tägliche Schnellbootverbindung besteht zwischen Faial, Terceira, Pico, São Jorge und Graciosa mit Açor Lines, Rua Dr. Caetano de Andrade 5, Ponta Delgada, Tel 302370.

Unterkunft: Das moderne, komfortable Hotel »Fayal« liegt etwas abseits vom Zentrum auf einer Anhöhe (123 Zi., Rua Cônsul Dabney, Horta, siehe Karte, Planquadrat B 3, Tel. 292181, Fax 22189). Preiswert ist das Residencial »São Francisco«, an der Straße zur Marina (32 Zi., Rua Cons. Medeiros, Horta, Tel. 292957). Die »Quinta das Bougainvillea« ist von einer Blumen-/Obstzucht umgeben, gemütlich, sehr persönlich geführt (8 Zi., Castelo Branco B 4, Tel. 943255, Fax 93743).

Essen/Ausgehen: Speisen wie ein Fürst im »O Barão« (Alameda Barão de Roches 21, Horta, Tel. 292124). Fisch, Fleisch vom Holzkohlengrill sind Spezialität im »O Capote« (Av. Marginale, Horta, Tel. 293295).

Museen: Im Colégio dos Jesuitas, einem der prachtvollsten Gebäude in Horta (B 3), befindet sich das »Museu da Horta«: Kurzer Abriß der Siedlungsgeschichte, Sammlung diverser Gehwegemuster (Arte Pisada) und exotischer Miniaturen (Largo Duque d'Avila e Bolama, Di–Fr 10–12.30, 14–17, Sa/So 14–17 Uhr). Im »Museu de Scrimshaw« geschnitzte, polierte, bemalte Pottwalzähne, Manschettenknöpfe, Brieföffner, Pfeifen aus Zahn und Knochen (im 1. Stock von »Peter's Café Sport«). Im »Museu de Capelinhos« dokumentieren Fotos, Karten, Gesteinsproben und Zeitungsberichte den Vulkanausbruch von 1957/58 (bei Capelo, A 3).

Ausflüge: Die sumpfige »Caldeira« im Zentrum Faials hat einen Durchmesser von etwa 2 km und gut 400 m Tiefe. An den Hängen wuchern Faya, Hortensien, Zedern, Wacholder, Farne, Moose. Höchster Punkt ist Cabeço gordo (1043 m). Der Naturpark »Monte da Guia« (B 4) südostlich der Bucht von Porto Pim umfaßt seltene, vom Aussterben bedrohte Pflanzen, einen Kratersee sowie Reste von Befestigungsanlagen aus dem 17. Jh.

Sport: Scuba Diving, Segeltouren, Surfen, Wasserski, Gleitschirmfliegen, Ausritte, Mountainbikes organisiert Aquaticus, Alameda Barão de Roches 24, Horta, Tel. 392430. Sandstrände/Naturschwimmbecken in Porto Pim (B 4), Almoxarife (B 3), Porto do Salão (B 3), Porto da Eira (B 2).

Feste: Am 24. Mai Festa Nossa Senhora das Angústias mit Volksfest und Prozessionen. In der 2. Augustwoche findet in Horta die Semana do Mar statt, bei der sich alles ums Meer dreht.

Information: Posto de Turismo, Rua Vasco da Gama, 9900 Horta, Tel. 292237.

Flores

Anreise: Wöchentliche Flugverbindungen mit der SATA Air Açores, Rua Sen. André Freitas 5, Santa Cruz, Tel. 72456. Fährlinie nach Corvo ohne festen Fahrplan (Kapitän Agostino, Hafen von Santa Cruz, Tel. 52289).

Unterkunft: Freundlich, preiswert: Residencial »Vila Flores«, (10 Zi., Travessa de São José 3, Santa Cruz, Tel. 52190, Fax 52621).

Museum: Museu das Flores zeigt u. a. die Inselgeschichte und einiges zum Walfang (Convento São Boaventura, Santa Cruz, Mo–Fr 9.30–12, 14–17 Uhr).

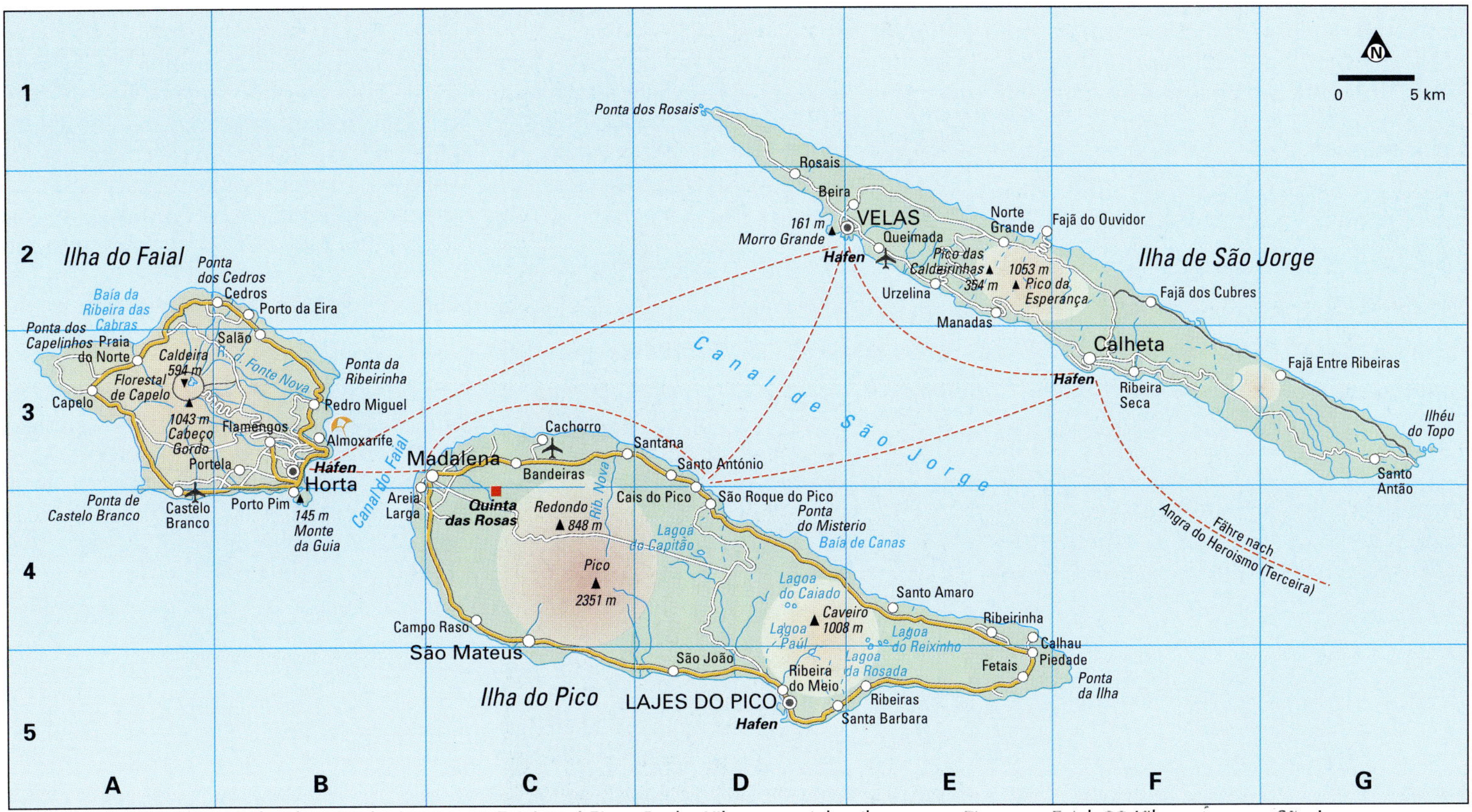

Dicht beieinander liegen die drei Inseln São Jorge, Faial und Pico: Sechs Kilometer Atlantik trennen Pico von Faial, 20 Kilometer von São Jorge

Ausflüge: Zahlreiche Wasserfälle an der Westküste, die sich über den Klippenrand ins Meer stürzen. Sieben Kraterseen. Praia de Fajã Grande, zwar Kieselstrand, aber schön.

Information: Posto de Turismo, Rua Dr. Armas da Silveira, 9970 Santa Cruz das Flores, Tel. 52369.

Graciosa

Anreise: Wöchentliche Flugverbindungen mit der SATA Air Açores, Rua Marquês de Pombal, Santa Cruz, Tel. 712456. Wöchentliche Fährverbindung nach Faial, Pico, Terceira und São Jorge: Transmaçor, Rua Nova 29, Horta, Tel. 293334, und Açor Lines, Rua Dr. Caetano de Andrade 5, Ponta Delgada, Tel. 096/302370.

Unterkunft: Schlicht, die Vier-Sterne-Herberge »Ilha Graciosa« in typisch azoreanischem Landhaus, nur Frühstück (15 Zi., Avenida Mouzinho de Albuquerque, Tel. 732675, Fax 72676). Die Frühstückspension »Mira Mar« bietet Panoramablick über Meer und Insel (Rua Comd. Carlos P. Vidinha 29, Tel. 732122, Fax 72632).

Essen/Ausgehen: Regionale Küche mit Fischgerichten im »Costa do Sol« (Largo da Calheta, Santa Cruz, Tel. 712694).

Sehenswürdigkeiten: Der Jüdische Friedhof östlich von Santa Cruz erinnert an eine Zeit der religiösen Toleranz.

Ausflüge: Ein bizarres Naturspektakel hält die »Caldeira« bereit. Abstieg in die vulkanische Höhle über eine Wendeltreppe an den Kraterwänden zum dampfenden Schwefelsee »Furna do Enxofre«. Schöner Strand bei Praia.

Information: Posto de Turismo, Praça Fontes Pereira de Melo, 9880 Santa Cruz da Graciosa, Tel. 732125.

Pico

Karte: Seite 73, Planquadrat B–F 3–5.

Anreise: Tägliche Flugverbindung zu allen Inseln mit SATA Air Açores, Rua Maria G. Duarte, Madalena do Pico, Tel. 622411. Wöchentliche Fährverbindung nach Faial, São Jorge, Terceira und Graciosa: Transmaçor, Cais da Madalena, Madalena, Tel. 623340, und Açor Lines, Rua Dr. Caetano de Andrade 5, Ponta Delgada, Tel. 096/302370.

Unterkunft: Im Landhausstil (TH): Zurückgezogen, schön am Küstenrand gelegen, originelle Dorfarchitektur, 32 moderne Zi. – im »Aldeia da Fonte« (Lajes do Pico – siehe Karte Seite 73, Planquadrat D 5 – Tel. 672777, Fax 672700). Das rustikale Landhaus (TR) »L' Escale de l'Atlantic« bietet Logenplatz am Atlantik, sechs den Azoreninseln gewidmete Zimmer und französische Gourmetküche (E 4/5; Calhau/Piedade, Tel./Fax 666260).

Essen/Ausgehen: Gut und günstig im Hotel »Pico« (Rua dos Biscoitos, C 3, Madalena, Tel. 622392). Reichhaltiges Angebot an regionalen Gerichten und Picoweinen im »A Parisiana« (B 4; Areia Larga/ Madalena, Tel. 622302). Hausmannskost mit frischem Fisch im »Lagoa« (Praça de São Pedro, Lajes do Pico, Tel. 672272.

Ausflüge: Pico gehört zu den weltweit besten Wal- und Delphinbeobachtungsstationen. Touren: AquaAçores, Rua Manuel Paulino Azevedo e Castro, Lajes do Pico, Tel. 672686. Preise ca. 100 DM.

Museen/Shopping: Die Walfang-Geschichte zeigt das Museu dos Baleeiros (Rua dos Baleeiros 13, D 5, Lajes, Di–Fr 10–12 und 14–17 Uhr). Kunsthandwerk wird präsentiert in der Escola Regional de Artesanato (Verkauf: Rua do Mar, D 4, São Roque do Pico, im So. Mo–Sa 9–18 Uhr).

Feste: Die Festa do Espírito Santo ist das bunteste Fest auf Pico (April–Sept.). Im Juli die Festa de Santa Maria Madalena zu Ehren der Inselpatronin und die Festa do Emigrante.

Information: Posto de Turismo, Rua Conselheiro Terra Pinheiro, 9950 Madalena, Tel. 623524.

São Jorge

Karte: Seite 73, Planquadrat D–G 1–3.

Anreise: Tägliche Flugverbindung mit SATA Air Açores, Rua Santo André, Velas de São Jorge, Tel. 412125. Wöchentliche Fährverbindungen nach Faial, Pico und Terceira: Transmaçor, in Velas, Tel. 412173, in Calheta, Tel. 416690, und Açor Lines, Rua Dr. Caetano de Andrade 5, Ponta Delgada, Tel. 096/302370.

Unterkunft: Hotel »São Jorge«, mit drei Sternen das beste Haus am Platz, aber teuer (58 Zi., Rua Machado Pires, D/E 2, Velas, Tel. 430100, Fax 42736). Nichts Luxuriöses, aber ordentlich und mit Pool, das Residencial »Neto« (Rua Cons. Dr. José Pereira, Velas, Tel. 412403, Fax 42333).

Essen/Ausgehen: Freundlich, flott und frisch ißt man im Café-Restaurant »Velense« (Rua Cons. Dr. José Pereira, Velas, Tel. 412160). Fischspezialitäten mit Meerblick im »Castelinho«, direkt am Hafen neben einer Burgruine (Urzelina, Tel. 414005).

Sehenswürdigkeiten: Ein Musterexemplar bürgerlicher Barockarchitektur ist das Rathaus in Velas. Die interessanteste Kirche ist die barocke Igreja de Santa Bárbara in Manadas (E 2), zu deren Schätzen ein geschnitzter Hochaltar, die bemalte Zedernholzdecke und die Azulejo-Bilder zählen (tgl. 9–12.30, 14–17.30 Uhr). In die Welt des Käses führt die União de Cooperativa Agrícola de Lacticínios de São Jorge, D 2, Beira, 9800 Velas, Tel. 438274.

Feste: Die Festa Mordomia do Espírito Santo im April ist das größte Inselfest. An langen Tischen findet an der Heilig-Geist-Suppe eine Art »Speisung der 10000« statt. Nachbarn und Passanten sind eingeladen; um Spenden wird gebeten.

Information: Posto de Turismo, Rua Cons. Dr. José Pereira 1, 9800 Velas, Tel. 412440.

Im Windschatten des Monte da Guia liegen Bucht und Hafen von Horta

Wanderweg nach Fajã dos Cubres auf São Jorge

Saftiges Grün, mit Hortensien dekoriert: Kühe leben gut auf São Jorge

Wasserfall bei Fajã Grande auf Flores

Eine Hochseeyacht ist unterwegs in die Marina von Horta

Ende des 19. Jahrhunderts ging die Insel Faial in die Weltgeschichte ein. Europäische und amerikanische Telegraphengesellschaften machten Faial zur zentralen Relaisstation für ihre unterseeischen Telegraphenkabel. Im Jahr 1900 verlegte die Deutsch-Atlantische-Telegraphengesellschaft ihre Kabel über die ostfriesische Insel Borkum nach Faial und von hier weiter nach New York. Später verknüpfte die Kabelrelaisstation über die Kapverdischen Inseln Europa mit Afrika.

»Peter's Café Sport« in Horta ist das Mekka aller Atlantik-Segler

Barlavento – zwischen Sahara und Harmattan

Großes Foto: Am Hafen von Mindelo auf São Vicente. Kleines Foto: Im Ortskern von Santa Maria auf Sal.

Die Inseln im Barlavento, »vor dem Wind« – São Vicente, Santo Antão, São Nicolau, Sal und Boa Vista – sind von bester Wüstenqualität. Im Land des Harmattans, eines trockenen Nordostwindes aus den Tiefen Afrikas, brennt jeden Tag die Sonne vom Himmel, eine Freude für die Urlauber, eine Katastrophe für die Kapverdier. Nach 500 Jahren Kolonialismus und Kampf gegen die Dürre soll der Tourismus zum Standbein der Wirtschaft werden.

Gut 40 Hektar groß ist das Salinenfeld bei Pedra de Lume auf Sal

Ein seltener Anblick auf Sal: die Oase bei Ribeira da Fontana

Wüste, meerumschlungen: Nach sechs Flugstunden zeichnet sich mitten im Atlantik ein goldgelbes Stück Sahara ab. Wenn es auf den ersten Blick auch nicht viel zu geben scheint – Sand und Geröll gibt es im Überfluß. Unten stehen ein paar knochige Ziegen herum. Was fressen die in dieser Ödnis nur? Die Kartons, die da herumliegen?

Die Surfer-Truppe auf den vorderen Flugzeugplätzen weiß, daß es in dem westafrikanischen Inselstaat außer Dünen noch zwei Luxusgüter gibt: Wind, der fast das ganze Jahr über mit hoher Geschwindigkeit über die Inseln fegt, und einen kristallklaren Ozean, wie ihn manche Karibikinsel nicht zu bieten hat. Und der Nachbar zur Linken schwärmte den ganzen Flug über von den Inselwanderungen, die auf den bis zu 2829 Meter hohen Vulkanbergen sogar alpine Kondition erforderten. »Bem-vindo a Sal«, knistert es aus dem Bordlautsprecher. »Willkommen auf Sal.«

Sal ist das Eingangstor zum Wüstenstaat, in dem es riesige Sand- und Salzflächen, Wanderdünen, Trockentäler, Wadis, Lavafelder, schroffe Granitberge, erkaltete und glühende Vulkane gibt, sogar grüne Oasen. Alle Inseln haben ihre Eigenheiten. Beim Inselhüpfen erlebt man Überraschungen.

Vom Internationalen Flughafen in Espargos geht es direkt zum Strandziel Santa Maria. Die Asphaltstraße ist leer, sonnenverbrannt die Erde, rissig wie Pergament. Nur Anspruchsloses gedeiht, ein paar Büsche, gelegentlich eine Dattelpalme. Die Kargheit und Reglosigkeit dieser öden Landschaft gehen unter die Haut. Im Geländewagen rasen die Fremden

Beim Karneval im Februar ist ganz Santa Maria auf den Beinen

Auf dem Markt in Santa Maria

Familientour in den Dünen (unten)

Salz war einst der Reichtum der Insel Sal. 1838 begann in Pedra de Lume der Abbau der weiß bis rosé schimmernden Kristalle, die zu hohen Preisen nach Brasilien und Westafrika verkauft wurden. Der Kratersee liegt unter dem Meeresspiegel, so daß das salzhaltige Atlantikwasser durch natürliche Kanäle und einen Tunnel in den See einfließt. Innerhalb von zwei Monaten ist das Wasser verdunstet. Zurück bleibt eine dicke Salzschicht, die leicht abgebaut werden kann. Um 1910 wurde die Seilbahn von der Saline zum Hafen Pedra de Lume gebaut. In den siebziger Jahren brach der Salzhandel zusammen. Heute wirkt Pedra de Lume wie eine Totenstadt, die Saline ist stillgelegt.

aus Europa über die Insel gen Süden, vorbei an armseligen Häusern. Die Menschen, die dort leben, sind weder schwarz noch weiß: Sie sind Nachkommen portugiesischer Kolonialherren und schwarzer Sklaven. Sie warten im kühlen Schatten der unverputzten Hausmauern auf den Abend. Kinder laufen schaulustig an den Straßenrand. Zeit scheint keine Rolle zu spielen.

Ein Urlaub auf den Kapverden ist eine Reise in ein Land der Dritten Welt. In diesem Reich zwischen Sahara und Harmattan, einem sehr trockenen, staubführenden Wind, gehören Armut und Hunger zum Alltag. Dennoch sind hier auch Offenherzigkeit und Lebensfreude, die »Morabeza«, zu Hause. »Entweder man wird vom Bazillus gepackt, oder man kommt nie wieder«, meint ein Kapverden-Kenner.

Der Himmel kennt kein Erbarmen: Dürre gehört zum Alltag

Seit Menschengedenken gibt es auf diesen Inseln im Atlantik Trockenzeiten. Während der Dürre zwischen 1773 und 1776 verhungerte fast die Hälfte der Bevölkerung. Weitere Hungersnöte folgten, deren katastrophale Folgen die Lissabonner Kolonialregierung vor der Weltöffentlichkeit zu vertuschen verstand. Internationales Aufsehen erregte erstmals die verheerende, 17 Jahre währende Dürre von 1969 bis 1985. Spenden aus Portugal und den USA stellten damals die Ernährung sicher. Die Regenfälle, die 1986 einsetzten, waren so heftig, daß sie weite Teile des ausgedörrten, durch jahrhundertelangen Kahlschlag bloßgelegten Landes einfach wegrissen. Der Himmel kennt kein Erbarmen. »Seit fünf Jahren hat es schon nicht mehr geregnet«, bilanziert Tino Mosso, Reiseführer auf Sal. Schon das Auftauchen von Nebelschwaden wird als »Regentag« verbucht. »Wegen der Feuchtigkeit, die sie mitbringen«, sagt er lachend, ohne sich zu freuen. Zu hautnah kennt er das Drama der Dürre.

Kein Wasser, kein Brot – die Kapverden gehören zu den ärmsten Ländern der Erde, sie sind Teil der »Vierten Welt«. Fast 40 Prozent der Bevölkerung lebt unterhalb der Armutsgrenze. 400 Jahre waren die Kapverden ein Einwanderungsland; heute leben doppelt so viele Kapverdier im Ausland wie auf den Inseln, weil das Land sie nicht ernähren kann. Ohne die Überweisungen der Emigranten könnten weder die Familien noch der junge Inselstaat existieren. Jährlich fließen um die 120 Millionen Dollar von internationalen Geberländern in die Mini-Republik, die ohne Rohstoffe, Industrie und Exportgüter noch lange am Tropf der Geberländer hängen wird.

Kap ohne Hoffnung« urteilte vor wenigen Jahren ein Magazin. Alle Hoffnungen richten sich heute auf dem Tourismus. Er soll die Wirtschaft ankurbeln, und schon heute bilden die Fremden eine der wichtigsten Einnahmequellen des Landes. Für 1996 wies die Reisestatistik rund 37 000 Urlauber aus; die Deutschen stehen an dritter Stelle. Joseph Borges von der staatlichen Tourismusförderung Promex hat ein hohes Ziel: »Die Kapverden sollen eine Destination mit internationalem Standard werden.« Bis dahin ist noch viel Individualismus gefragt. 1997 bezifferte Promex die Zahl der Betten auf 2687; bald soll sie sich verdoppelt haben. Ob sich der Tourismus in ein goldenes Kalb verwandeln läßt?

Alle Hotels befinden sich gegenwärtig in ausländischem, hauptsächlich portugiesischem, italienischem und deutschem Besitz. Um die Urlauberwünsche zu befriedigen, wird von der Butter bis zum Mineralwasser alles importiert, für die nötige Infrastruktur – Straßen, Strom, Kanalisation – fallen hohe Kosten an, ebenso für den steigenden Verbrauch von Trinkwasser, das in einem aufwendigen Verfahren durch Entsalzung von Meerwasser gewonnen wird.

Sal ist das Touristenzentrum der Kapverden

Sal ist die touristische Hochburg und allen anderen Inseln in der Entwicklung um Längen voraus. Santa Maria, der kleine Ort im Inselsüden, hat sich ganz auf europäische Gäste eingestellt. Der Strand hat Luxusqualität – feiner, goldgelber Sand, der Ozean schillert in schönstem Türkis. Eine Armada kleinerer und größerer Segler dümpelt vor dem vier Kilometer langen Strandufer. Drei große mit jeweils vier Sternen versehene Strandhotels haben sich die schönsten Plätze ausgesucht. An der Ausgabestelle für Strandmatten dämpft das Hotel »Morabeza« die Vorfreude auf das Vergnügen: Die belgischen Hoteliers verlangen von ihren Gästen eine Tagesmiete von umgerechnet 14 Mark. Da zieht man besser

Der Saft von frischem Zuckerrohr ist eine herrliche, gar nicht so süße Erfrischung

Beim Cova-Krater auf Santo Antão ziehen oft Nebelschwaden auf

Schwarze Sklaven aus Afrika und weiße Kolonisatoren aus Europa kamen im Laufe der Jahrhunderte auf die Kapverden und vermischten sich. Mit Ausnahme von Santiago begegnet man auf allen Inseln überwiegend Mulatten, auch Kreolen genannt. Nach offiziellen Angaben besteht die Bevölkerung heute aus 71 Prozent Mulatten, 28 Prozent Schwarzen und einem Prozent Weißen.

Uri heißt das beliebte Brettspiel auf den Kapverden

Schmelztiegel Kap Verde: Oben auf der sozialen Leiter stehen nach wie vor die Weißen

Terrassenfelder auf Santo Antão in der relativ wasserreichen Ribeira do Paul

gleich weiter zur Surf- und Tauchstation, die gut organisiert ist unter der Leitung des deutsch-französischen Experten Patrick Heintz. Er schwört auf Santa Maria als einen der besten Surf-Spots der Welt. Wer sich nicht nur an den Hotel-Pools sonnen oder am nahen Holzsteg auf die Fischer warten will, muß auf eigene Faust aktiv werden. Die Jeep-Safari durch die Insel ist in einem Tag erledigt. Dann hat man Fontana gesehen, die einzige Oase dieser Wüstenlandschaft, den Fischerhafen Palmeira, den schläfrigen Hauptort Espargos und die stillgelegten Salinen bei Pedra Lume. Auf dem Kraterboden eines erloschenen Vulkans treibt hier die Sonne die salzigen Kristalle in weiß und rosé an die Oberfläche. Allergiker aus Europa kommen eigens angereist, um in der Salzlake ihre Haut zu kurieren.

In den lauen Nächten begegnet man der »Morabeza«

In der lauen Nacht in der Strandbar beginnt die kapverdische Langsamkeit sich wie eine zweite Haut überzustülpen, jede Nacht ein Stück mehr. »Morabeza«, erklärt Djoy, »ist das kapverdische Wort für Gastfreundschaft und große Herzen.« Der immer gut aufgelegte Barkeeper mixt Caipirinhas, einen Cocktail aus Zuckerrohrschnaps und Limonensaft. Aus dem Radio weht eine bittersüße Liebeserklärung der Sängerin Cesária Évora an ihr Land herüber: »Am Himmel bist Du ein Stern, der nicht scheint. Am Meer bist du der Sand, der nicht feucht wird. Karges Land voller Lachen und Tränen.« Sal ist nicht Kap Verde, Sal ist nur der Anfang.
Auf São Vicente begegnet man wieder dem unwirtlichen Flair der Trockenheit. Eine bergige Lavalandschaft, zugleich

abweisend und eigenartig anziehend, ereignislos und doch wie von einem Dramaturgen gestaltet. Vor den nackten braunen Felsbergen hat der Wind schneeweiße und rötliche Dünen angehäuft. Eine Handvoll weißer Windräder belegen die Bemühungen, alternative Energien zu nutzen.

Der Hauptort Mindelo ist die Metropole in der Wüste. Leben gibt es nur hier. Die 60 000-Einwohner-Stadt mit den gediegenen Krämerläden und dem größten Hafen der Kapverden liegt an einer wohlgeformten Bucht mit weißem Sandstrand. Die bizarren Umrisse der nahen Nachbarinsel Santo Antão mit 2000 Meter hohen, im Dunst fast violett schimmernden Bergen und der Hausberg Monte Cara geben eine werbefilmreife Kulisse ab.

Dank der günstigen Lage und des Naturhafens mit der für Ozeanriesen nötigen Tiefe entwickelte Mindelo sich zum Knotenpunkt auf den Weltrouten des Atlantiks und zur Drehscheibe international agierender Spione. Während der Weltkriege muß Mindelo eine Art »Mini-Casablanca« gewesen sein. Das Potential des Hafens hatten um 1850 Engländer erkannt. Sie bauten eine Bunkerstation auf, und der rasche Aufschwung zog bald Handel treibende Europäer nach. Mindelo stieg zum wirtschaftlichen und kulturellen Zentrum, zur »heimlichen Hauptstadt«, auf, und das ist es bis heute geblieben. Mehr als in jeder anderen kapverdischen Stadt hat Europa seine Spuren hinterlassen. Der Gemüsemarkt ist anständig überdacht, die Ware auf Ständen gut sortiert.

Mindelo, die Heimat von Cesária Évora, der »Königin der Barfüßigen«

Von der bewegten Zeit geblieben sind auch etwas Hafenatmosphäre und die Kneipenszene. In den Bars von Mindelo wurde in den sechziger Jahren Cesária Évora als »Königin der Barfüßigen« berühmt (siehe auch Seite 100f). In den heißen Nächten schwirren ihre melancholischen Mornas, die flotten Rhythmen von Funaná und Coladeira aus allen Kneipen, Diskos und Transistorradios auf die bevölkerten Straßen und Plätze. Woher nehmen die vom Leben nicht verwöhnten Kapverdier bloß die Kraft für diese Heiterkeit und Poesie? Überall wird man neugierig-wohlwollend empfangen. Man versteht immer besser, warum so viele völlig verklärt von ihrer Kapverden-Reise zurückkehren.

Die 40 Fischer von São Pedro auf São Vicente sorgen für Frischfisch

Fischerei ist harte Arbeit: Nur jedes zweite Fischerboot auf São Vicente besitzt einen Außenbordmotor

Unten am Hafen, zwischen Fischkühlhalle und Wasserentsalzungsanlagen, dienen einige frisch renovierte Kolonialfassaden hinter Kopfsteinpflaster und Palmen als Postkartenmotive. Der Torre de Belém, eine leidliche Kopie des Originals in Lissabon, erinnert an die portugiesische Zeit. Ein wenig kitschig wirkt der ehemalige Gouverneurspalast in der Rua de Lisboa. Mehr architektonische Glanzpunkte hat die Vergangenheit der reichsten kapverdischen Stadt nicht vererbt.

Armut macht (auch) erfinderisch: spielende Kinder in Mindelo

Vom Castelo hat man den schönsten Panoramablick auf Mindelo

Im Hafen von Mindelo diente der Torre de Belém ab 1937 als Wachturm

Ab 1461 kamen die ersten portugiesischen Siedler auf die Kapverden. 1472 erhielten sie das Recht auf Sklavenhaltung. Portugal hatte erstmals 1441 schwarze Sklaven von der afrikanischen Westküste nach Europa gebracht. Das Monopol auf den Menschenhandel ließ sich das kleine Land am Rande Europas 1455 vom Papst bestätigen. Die Portugiesen begannen, die Sklaverei zu kommerzialisieren. Für die Christen waren damals die Schwarzen Heiden, was sie zu Menschen zweiter Klasse degradierte und ihre Unterjochung rechtfertigte. Mit dem Aufkommen der Zuckerrohrplantagenwirtschaft in der Neuen Welt wurden Millionen schwarzer Sklaven über die Kapverden nach Brasilien und in andere südamerikanische Länder deportiert.

Am Bootssteg landen Fischer mit den bloßen Händen Thunfische an. Zu dritt schleppen sie die oft bis zu 100 Kilo schweren Meeresbewohner auf die Waagen – viel zu schön, um zerteilt zu werden. Der Fischexport bildet eine der wesentlichen Einnahmequellen des Landes. Exportschlager sind Langusten, die in diversen Varianten auch auf den Speisekarten der heimischen Restaurants ihren Platz haben. So ist im »Pica-Pau« der »Arroz de Marisco« (Langustenreis) die Spezialität des Hauses. Das kleine Lokal ist immer rappelvoll, jede Tischkante besetzt. Küchenchef Lima gibt sein »Geheimrezept« bereitwillig preis; er hält es sowieso für unnachahmlich.

Das Centro Nacional de Artesanato, das Kunsthandwerkszentrum an der Praça Amílcar Cabral, bietet ästhetischen Genuß. An traditionellen Webstühlen werden Wandteppiche aus Wolle hergestellt, farbenprächtige Kunststücke, die über 1000 Mark kosten. Im Foyer des Hotels »Porto Grande« hängen einige unbezahlbare Musterexemplare.

Nur zwei Schiffsstunden von São Vicente entfernt liegt Santo Antão. Doch die Kontraste könnten nicht größer sein. Santo Antão ist der »Garten Eden« der Kapverden – wild und fruchtbar. Was auf den Märkten an Gemüse und Obst zu finden ist, stammt meist von den hiesigen Terrassenfeldern. Monumental ist die Bergwelt mit plätschernden Quellen, Sturzbächen und dem Cova-Krater. Der stattliche Hauptort Ribeira Grande hat seine besten Zeiten schon hinter sich, die ihm der Anbau und Export von Wein und Kaffee Mitte des 19. Jahrhunderts beschert hatte. Die überdimensionierte »Kathedrale« verdankt Ribeira Grande einem eitlen Bischof.

Sand, Dünen, glasklares Meer und Dattelpalmen: Boa Vista

Dreimal so viel Sand wie Sal, nur halb so viele Einwohner: Boa Vista ist das Highlight unter den Wüsteninseln – reichlich feiner Sand am Meer, weite, einsame Dünen, glasklares Meer und ein paar Dattelpalmen am Horizont sind das Markenzeichen. »Ein Bade- und Surfparadies«, meint ein Reisender am Flughafen, »aber nach spätestens vier Tagen frißt man Sand.« Einst blühte auf Boa Vista der Handel mit Sklaven und Salz. Heute erinnert in dem verkommenen Hauptort Sal Rei nur noch der Name an die glorreiche Vergangenheit.

Insel der Dichter und Denker: São Nicolau

São Nicolau erinnert an die trostlose graue Mondlandschaft von São Vicente. Inmitten von Bergkämmen und zuckerhutartigen Felsgebilden liegt der vor sich hin dösende Hauptort Ribeira Brava. Wer in die Wüste geht, verändert sich, behaupten manche. Womöglich hat São Nicolau daher ihren Ruf als Insel der Dichter und Denker.

In einem Priesterseminar sorgten seit 1866 Kapuzinermönche für Ausbildung, Wissenschaft, Handwerk und Kultur. Erstmals wurde unter den Kapverdiern ein Bewußtsein für eigene Fähigkeiten geweckt. Den Kolonialherren war dies allerdings ein Dorn im Auge; deshalb teilten sie dem Seminar keine Lehrkräfte mehr zu, so daß es 1917 geschlossen werden mußte. Dennoch gilt São Nicolau bis heute als die Geburtsstätte der kapverdischen Identität.

Balanceakt mit Bananen auf dem Markt von Mindelo, der Hauptstadt von São Vicente

Die Kolonialhäuser an der Avenida Amílcar Cabral in Mindelo wurden erst kürzlich renoviert

Der Mercado Municipal in der Rua de Lisboa in Mindelo öffnete 1874 seine Pforten

REISE-INFO KAPVERDEN: NORDEN

Boa Vista

Anreise: Mehrmals wöchentlich von/ nach Sal und Santiago. Auskunft: TACV, Sal Rei, Tel. 511137.

Unterkunft/Essen: »Marine Club« mit gutem Vier-Sterne-Komfort, Meerblick und hervorragendem Terrassen-Restaurant, 1997 eröffnet (8 Bungalows, Praia de Cruz, Tel. 511252). Hotelanlage »Dunas«, einfach (17 Zi., Rua Amílcar Cabral, Sal Rei, Tel. 511225, Fax 511384). Pousada »Boa Vista«, zweckmäßig (21 Zi., Sal Rei, Tel./Fax 511145).

Sehenswertes/Ausflüge/Shoppen: Handelsstolz repräsentieren einige Häuser im Hauptort Sal Rei. Durch einen Dattelpalmenwald erreicht man das Dorf Rabil mit festungsartiger Kirche und »Olaria« (Töpferei).

Sport: Surfstation an der Praia da Chave. Für Wrack-Taucher: Rund 50 gesunkene Schiffe liegen vor Boa Vista auf Grund. Exkursionen organisieren: Cabetur (Sal), Tel. 411545 und CVTS (Sal/Flughafen), Tel. 411524.

Sal

Anreise: Jeden Freitag nonstop ab München mit der Cabo Verde Airline TACV. Die TAP Air Portugal fliegt Sal mehrmals wöchentlich ab Lissabon an. Mehrmals wöchentlich fliegt die TACV von/ nach Santiago, Boa Vista, São Vicente und São Nicolau. Auskunft: TACV, Aeroporto International Amílcar Cabral, Tel. 411268. Fährverbindungen nach São Nicolau und Boa Vista. Auskunft: Arca Verde, Mindelo, Tel. 314979, Fax 312055.

Unterkunft: Die traditionsreichste Adresse ist das »Morabeza«, teilweise modernisiert. Geräumige Zimmer mit Terrasse, Deckenventilator. Restaurants, Strandbar, Nachtclub (140 Zi., Santa Maria, siehe Inselkarte, Planquadrat B 6, Tel. 421111, Fax 421005). 1996 im neomaurischen Stil gebaut: »Djadsal Holiday Club«, eine großzügige kubische Bungalowanlage, vermittelt Clubatmosphäre. Zwei Restaurants, drei Bars, Disko. Zum Strand ca. 200 m (205 Zi., Santa Maria, Tel. 421170, Fax 421070). Den Strand direkt vor der Haustür hat das »Belo Horizonte«. Palmengesäumte Hotelanlage mit Holzbungalows und purem Urlaubsflair. Hervorragendes Restaurant, Bar, gelegentlich kapverdische Live-Musik. Kleine Zimmer (90 Zi., Santa Maria, Tel. 421045, Fax 421210). Im Hauptort Espargos (B 3) ist das ordentliche 3-Sterne-Hotel »Atlântico« die einzige Alternative. Zimmer mit Dusche/ WC, zwei mit Warmwasser (81 Zi., Espargos, Tel. 411210, Fax 411522). Preiswert, schlicht, freundlich ist die »Pousada da Luz«. Restaurant, Bar (24 Zi., Santa Maria, Tel. 421138). Hübsch ist das Residencial »Nha Terra« im Kolonialstil, 1997 frisch renoviert. Geräumige Zimmer mit Dusche/WC, teilweise Warmwasser. Gutes Restaurant (12 Zi., Travessa Lomba Branca, Santa Maria, Tel. 421109).

Essen/Ausgehen: Das Spitzdach des »Américo's« ist offen, so daß am Abend unterm Sternenhimmel gegessen werden kann. Im Atrium kleine Holztische um den Grill und den Platz. Offene Küche: Der Blick in die Kochtöpfe ist erlaubt. Grill- und Fischspezialitäten (Ortszentrum, Santa Maria, Tel. 411636). Rustikal, kapverdisch, urlaubsmäßig: das Strandrestaurant »Funaná Ma Prote Sab« mit kreolischer Küche (am Strand nahe Hotel »Morabeza«, Tel. 421238). Im »Mateus« ist jeden Abend bis spät in die Nacht etwas los. Jeden Abend (außer Mo/Mi) heiße Rhythmen von kapverdischen Bands. Nur rechtzeitiges Kommen sichert einen Platz auf der Terrasse (Ortszentrum, Santa Maria, kein Telefon). Vornehm, und auf Europäer eingestellt, gibt sich das »Mar e L'Eau« (Rua Leme Bedje, Santa Maria, Tel. 42 10 68). »Leme Bedje«, Restaurant mit Ambitionen zum Nightclub (Zona Sueco, Santa Maria, Tel. 42146). Surfertreffpunkt bis zum frühen Morgen, die Bar »Calema« im Zentrum Santa Marias (Travessa da Independência). Witzig, in der luftigen Beletage, die »Lanchonete Maranatha«. Ausgezeichnete regionale Küche (Rua 1° de Maio 1, Espargos, Tel. 411622).

Hummer: die Spezialität im »Pica-Pau«

Sehenswürdigkeiten/Ausflüge: Bizarr wirkt das Holzgerippe der stillgelegten Saline in Pedra Lume (C 3). Tief blicken, bis auf Meeresgrund, läßt die »Buracona« (großes Loch) in einem Fels der Nordwestküste (A 2).

Shopping: Nahe dem Hotel »Morabaza« eine Ladengalerie afrikanischer Händler, überwiegend Kunsthandwerk aus Westafrika. Gleicher Herkunft sind die Souvenirs im Mercado Municipal von Santa Maria (tgl. 9–18 Uhr).

Sport: Das Sportangebot liegt in der Hand der großen Hotels. Surfer-Eldorado Santa Maria: Kabbelwelle, Dünung, Nordostpassat

Erst Anfang des 18. Jahrhunderts wurde Sal besiedelt

Sideshore bis schrägablandig. Surfstation »Santa Maria Funboard Center« (bei Hotel »Belo Horizonte«) und der Schule vom »Hotel Morabeza«. Den Abstieg in die Unterwasserwelt ermöglichen drei Tauchcenter für Anfänger und Fortgeschrittene: »Scuba Team« (bei Hotel »Morabeza«), »Stingray Dive Centre« (bei Hotel »Belo Horizonte«) und »Blueway« (bei »Djadsal Holiday Club«). Professionelles Material wird zur Verfügung gestellt. Touren für Hochseeangler organisieren: Hotel »Morabeza« und Agentur CVTS, Rua 1 de Junho 10, Santa Maria, Tel. 421220/ 421260.

Feste: Juni ist der Festmonat der Volksheiligen, Feste in Pedra Lume (C 3) und Hortelão (B 3).

Santo Antão

Anreise: Mehrmals wöchentlich von/ nach Santiago und São Vicente. Auskunft: TACV, Ponta do Sol, Tel. 211184. Mit der Fähre von/nach Mindelo. Auskunft: Arca Verde, Mindelo, Tel. 314979.

Unterkunft/Essen: Residencial »Antilhas«, einfaches Terrassenrestaurant (Porto Novo, Tel. 221230). Einschlafen bei Meeresrauschen: Residencial »Vale do Paúl«. Restaurant (Rua Agostinho Neto, Paúl, Tel. 211319).

Sehenswürdigkeiten: In Tarrafal einige Häuser im Kolonialstil. Fahrt zum Fischerdorf Cruzinha da Garça und zum oft von Nebel verhangenen Cova-Krater.

Sport: Unwegsames, tropisches Bergland und üppige Vegetation – eine Herausforderung für Wanderer. Trekkingtouren mit Eseln und Mulis: Alsatours, Ponta do Sol, Tel./Fax 211213.

227 Quadratkilometer groß ist São Vicente

São Nicolau

Anreise: Mehrmals wöchentlich von/ nach São Vicente und Sal. Auskunft: TACV, Terreiro, Tel. 351 61/62.

Unterkunft/Essen: Residencial »Jumbo«, sauber und schlicht (Ribeira Brava, Tel. 351117). Gute Küche im »Bela Sombra« (Ribeira Brava, Tel. 351518).

Sehenswürdigkeiten: Hauptort Ribeira Brava mit einigen hübschen Häusern.

Sport: Die bergige Landschaft liefert Wanderern reichlich Möglichkeiten, u. a. von Ribeira Brava zum Monte Gardo (10 km, sehr steil).

São Vicente

Anreise: Mehrmals wöchentlich von/ nach Santiago, Sal, São Nicolau, Santo Antão. Auskunft: TACV, Av. 5 de Julho, Mindelo, Tel. 311869. Dreimal tgl. Fährverbindung von/nach Santo Antão. Auskunft: Arca Verde, Mindelo, Tel. 314979.

Unterkunft: Bestes Haus am Platz: das Vier-Sterne-Traditionshotel »Porto Grande«, renoviert und trotzdem etwas angestaubt. Schöne Café-Terrasse (48 Zi., Praça Amílcar Cabral, Mindelo, siehe Inselkarte, Planquadrat B 2, Tel. 316979, Fax 317123). Preisgünstig: Residencial »Maravilha« in Hafennähe (6 Zi., Rua Angola, Mindelo, Tel. 322203, Fax 322217). Nagelneu und mit viel – europäischem – Geschmack: Resort Hotel »Foya Branca« – der pure Luxus auf den Kapverden. Begrünte Anlage, herrliche Lage am Hang zum Strand von São Pedro (A 3). 1 km vom Flughafen entfernt (16 Suites, 26 Zi., São Pedro, Tel. 316373, Fax 316370).

Essen: Klein, aber fein, das »Pica-Pau«, das netteste Restaurant des Ortes (Rua Santo António 42, Mindelo, Tel. 315507). Beliebt und belebt, das Bar-Restaurant »O Cordel« (Avenida Dr. Baltazar L. Silva 29 A, Mindelo, Tel. 315445). »Amizade«, gemütlich und mit hervorragender Küche. Die Hausspezialität Curry-Reis mit Languste (Lagosta à Amizade), ein Genuß (Rua 1, Monte Sossego 20/22, Tel. 323917).

Nachtleben: Die Nacht zum Tag machen die Mindelenses am Bar-Pavillon auf der Praça Amílcar Cabral. Langer Tresen, lange Nächte: »My Coffee«, Fr/Sa ab 22 Uhr kapverdische Live-Musik (Rua Santo António 20, Mindelo, Tel. 317780). Bar »Mindelo« (Avenida Holanda, Monte Sossego, Tel. 316456).
Im »Chez Loutcha« treten Stars wie Tito Paris und Zizi Vaz auf (Rua do Cocô, Tel. 311636). Unter dem Sternenzelt nach heißen kapverdischen Rhythmen tanzen: »Je t'aime«, die In-Disko. Frühestens ab 23 Uhr (Pedra Rolada, Bela Vista, Tel. 311591).

Sehenswürdigkeiten: Als Burg kaum zu erkennen, gehört der Fortim do Rei (18. Jh.) doch zum Standardprogramm. Ältestes Bauwerk am Ort, das als Ausguck bessere Qualitäten besitzt.

Museum/Shopping: Das Kunsthandwerkszentrum »Centro Nacional de Artesanato« hat ein dreifaches Angebot: Werkstatt mit Besichtigung, Museum mit Wollteppichen und Batikarbeiten sowie einen Shop mit Wollteppichen, Tüchern, Holzarbeiten u. a. im Angebot (tgl. 8 bis 12.30 und 14.30–19 Uhr).

Feste: Umzüge, Tanzen beim Karneval in Mindelo. Jeden August strömen Zehntausende zum Strand von Baía das Gatas (D 1) zum großen internationalen Musikfestival.

Das Vier-Sterne-Hotel »Djadsal Holiday Club« am Strand von Santa Maria wurde 1996 eröffnet

Santo Antão: auf dem Steilküstenweg von Cruzinha nach Ponta do Sol

Fischmarkt in Mindelo auf São Vicente

Karnevaleskes Treiben in Santa Maria auf Sal

Rast im Bergdorf Fontainhas während der Tour auf dem Steilküstenweg

Wandern kann man auf allen Inseln. Dabei lernt man die Besonderheiten der sehr unterschiedlichen Inseln am besten kennen. Eine Infrastruktur, wie etwa Hotels und Restaurants am Wegesrand, Wegweiser, Telefonzellen, ausgearbeitete Wanderrouten, gibt es nicht. Wegen der hohen Temperaturen gehören Kopfbedeckung, Sonnenbrille und ein Wasservorrat zu den unverzichtbaren Utensilien des Wanderers. Die meisten Inseln sind flächenmäßig überschaubar, so daß man sie in einer Tagestour bei flottem Tempo gut erwandern kann.

Pfeiferauchen ist kein Männerprivileg

Kreolisches Abenteuer im Sotavento

Großes Foto: Markt in Praia auf Santiago. Kleines Foto: Karnevalsumzug in Praia.

Im Sotavento, »hinter dem Wind«, liegen die Inseln Santiago, Fogo, Brava und Maio. Auf Santiago kommt man Afrika am nächsten. Der Markt der aus den Nähten platzenden Inselmetropole Praia ähnelt denen des »schwarzen Kontinents« am meisten. Doch die Begegnung von Portugiesen und schwarzen Sklaven hat auf den Kapverden eine besondere Mischung geschaffen, die ebenso afrikanisch wie europäisch ist.

Am Brunnen bei Porto Formosa: Die wenigsten Kapverdier haben fließend Wasser in ihren Häusern

Die kleine zweimotorige TACV-Maschine setzt nach Santiago über. Unter ihr funkelt das Meer in der Sonne. Im gleißenden Licht markiert der Leuchtturm von Temerosa das Ende der Bucht von Praia, der pulsierenden Landeshauptstadt der jungen Demokratie, die seit 1975 von Portugal unabhängig ist. Auf einem vorgelagerten Plateau hat die schachbrettartig angelegte Altstadt einen Logenplatz erhalten. Einige Cafés und Grünanlagen sorgen für Atmosphäre. Außer ein paar stattlichen Häusern im Kolonialstil, an denen die Seeluft schon lange nagt, haben die Portugiesen von ihrer mehr als 500jährigen Herrschaft wenig hinterlassen. Selbst beim Präsidentenpalast, in dem einst der portugiesische Gouverneur saß, haben sich die Architekten nicht sonderlich angestrengt.

Der Kolonialismus endete auf den Kapverden friedlich

In den sechziger Jahren hatte sich gegen die Kolonialherren Widerstand formiert. Sie hatten das Land vernachlässigt, weil aus der Kolonie kein Profit mehr zu schla-

Bucht von Cidade Velha

Früher nannte sich das heutige Cidade Velha noch Ribeira Grande – nach dem gleichnamigen, längst ausgetrockneten Fluß. Wegen ihres Reichtums war die Stadt in der Anfangszeit ein begehrtes Ziel für Piraten, auch für Sir Francis Drake. Dieser machte 1585 auf einer seiner vielen Reisen hier Halt, plünderte den Ort und setzte die vier Forts, die es damals noch gab, in Brand.

Feierabend in Praia (unten)

Cidade Velha: Kunststück mit der Nähmaschine

Großputz am Pranger, dem Schmuckstück von Cidade Velha

An den Ruinen lassen sich die stattlichen Ausmaße der Kathedrale von Cidade Velha ablesen

gen war. Nach dem Zusammenbruch der Salazar-Diktatur und dem Ende der Kolonialherrschaft überließen die Portugiesen das Land sich selbst. Das Verhältnis zum »Mutterland« ist heute jedoch weitgehend entspannt. Denn obwohl es unter dem legendären Rebellenführer Amílcar Cabral, der 1973 vom portugiesischen Geheimdienst ermordet worden sein soll und nach dem auf jeder Insel eine Straße benannt ist, eine starke Opposition gegen die Unterdrückung der Salazar-Diktatur gab, fand der Kolonialismus auf den Kapverden ein eher friedliches Ende, anders als in den Ex-Kolonien Angola und Mosambik. Der Lieblingssport der Jungen, die in der Nähe des Palastes kicken, ist selbstverständlich Fußball, ihr Favorit ebenso selbstverständlich der FC Benfica Lissabon, als handelte es sich um eine nationale Mannschaft.

Seit Portugal das wichtigste Geberland für Entwicklungshilfe ist, hat es die Rolle des »großen Bruders« eingenommen. Als einer der Hauptinvestoren scheint das einstige »Mutterland« die frühere Kolonie langsam wieder in die Hände zu nehmen.

Politisch und ökonomisch standen die Kapverden 1975 vor dem Nichts. Nach einigen Jahren des revolutionären Pathos fand die Politik jedoch schnell zum Pragmatismus. Um nicht ins Getriebe des Kalten Krieges zu geraten, bemühte sich der erste Staatspräsident Aristides Pereira mit Geschick um Blockfreiheit. Das Geheimnis seiner Diplomatie: »Wir sind nicht für den Osten, auch nicht für den Westen. Wir sind für Cabo Verde.« Dank dieser Neutralität flossen Entwicklungshilfegelder aus allen Richtungen, bis heute, zumal sie hier nicht sinnlos versickern oder in den Taschen korrupter Beamter verschwinden, sondern sichtbar gut angelegt werden.

Der linksgerichteten »Afrikanischen Unabhängigkeitspartei von Kap Verde« (PAICV) gelang 1991 ein kleines politisches Wunder, jedenfalls für afrikanische Verhältnisse: Nach 16 Jahren Alleinherrschaft führte die zerrüttete PAICV ohne große Störungen und Auseinandersetzungen das Mehrparteiensystem ein. Bei den ersten Parlamentswahlen errang die Opposition, die »Bewegung für die Demokratie« (MPD), einen klaren Sieg. Seither regiert der MPD mit absoluter Mehrheit.

Praia, die Hauptstadt der Republik, ist ein Menschenmagnet

Die 102 000-Einwohner-Stadt Praia ist weit über ihre historischen Ausmaße hinausgewachsen. Die Armut auf dem Land treibt immer mehr Menschen in die Stadt. Am Rand von Praia wuchern einfache, unfertig wirkende Beton- und Backsteinsiedlungen ohne Plan oder Genehmigung in die Landschaft hinaus. In den ausgetrockneten Flüssen sammelt sich Müll. Es gibt einige Fernsehantennen, aber keine Wasserversorgung in den meisten Wohnungen. Im Schatten in der Nähe der Brunnen warten die Frauen geduldig, bis sie ihre Kunststoffkanister und Blechtonnen mit dem kostbaren Naß füllen können. Dann müssen die schweren Behältnisse oft kilometerweit nach Hause geschleppt werden. Sogar Kinder transportieren diese 30-Liter-Tanks auf dem Kopf, die ein Europäer nur mit Mühe vom Boden hochstemmt.

Im Zentrum drängt der Menschenstrom zum Markt, dem Mercado. Es sind auch hier überwiegend Frauen, die alles nur Erdenkliche auf dem Kopf transportieren: selbst einzelne Bananen, Besenstiele oder leere Eierkartons. Wenn die meisten sich auch europäisch in Rock und Bluse kleiden, um die Hüfte knoten sie den Pano, ein hübsches handgewebtes Tuch – ein Muß für jede kapverdische Frau. Unter den vielen Farbigen sind Europäer kaum auszumachen – man fühlt sich als echter Exot. Die Sklaverei hat Santiago zu einer »afrikanischen« Insel gemacht. »Einen typischen Kapverdier gibt es nicht«, so Victor Fidalgo, Botschafter der Inselrepublik in Bonn. »Die Kapverden sind ein Produkt aus der Begegnung zwischen Portugiesen und schwarzen Sklaven. Nur geographisch gehören die Kapverden eindeutig zu Afrika. Kulturell und menschlich ist das Land ebenso afrikanisch wie europäisch, eine ganz spezielle Mischung.«

Auf dem Markt zeigt die Stadt ihr wahres Gesicht

Praias Markt prägt das Gesicht der Stadt und erinnert an die farbenprächtigen Märkte Westafrikas. Autos und Pritschenwagen umkreisen auf der Suche nach einem Parkplatz das Karrée; das scheint nirgendwo auf der Welt anders zu sein. Eine hüfthohe Mauer mit Gitterstäben umgibt das bunte Treiben. Wer sich am Eingangstor aufbauen konnte, hat den besten Platz. Hinter den Mauern wird gedrängelt, geplaudert und gelacht: Markttag ist Leben in Praia, und Markt gibt es hier jeden Tag. Schwatzend und albernd sitzen die Frauen am Boden oder auf Kisten vor ihrem kargen Angebot. Sie haben Kartoffeln, Mohrrüben, Mais und dicke Bohnen vor sich aufgeschichtet – die Rohstoffe für das Nationalgericht Cachupa. Wer es sich leisten kann, gibt Wurst und Huhn dazu. Andere preisen Kohl, Maniok, Cashewnüsse, Papayas, Mangos, afrikanische Pfefferschoten und Körner an.

Im Halbschatten hockt eine in bunte Tücher gewickelte Mulattin, so rund wie

Wenn die Fischer von Tarrafal früh morgens ihren Fang anlanden, kommen alle zur Mole

An Ort und Stelle wird im Hafen von Tarrafal der Fisch gewaschen

Überall auf den Kapverden kommt man mit Fisch in Berührung. Die Meeresbewohner sind die mit Abstand wichtigsten Exportgüter des Landes. Die meisten Langusten gehen nach Europa, vor allem nach Frankreich. Jährlich werden rund 10 000 Tonnen Fisch gefangen, ein Potential, das mit modernen Fangmethoden, Kühleinrichtungen und Konservierung noch gesteigert werden könnte. Im Fischereisektor sind mehr als 6000 Kapverdier beschäftigt, etwa sechs Prozent der Bevölkerung.

Abgeschnitten von der Welt leben die Menschen in der Serra Malagueta

Tarrafals idyllische Bucht auf Santiago

die beiden Bohnensäcke vor ihr, und strahlt aufmunternd. Sie möchte fotografiert werden, sagt sie verschmitzt, später, denn erst möchte sie sich schön machen. Ein Mädchen balanciert zirkusreif in jeder Hand fünf goldgelbe Limonen.
Besonders viel geben die mageren Anbauflächen der Inselrepublik nicht her. Seit der Dürrekatastrophe sind nur noch zehn Prozent des Landes als Ackerland nutzbar. Und deshalb decken die Kapverden ihren Lebensmittelbedarf auch nur zu 20 Prozent selber. Der Rest wird importiert, ist oft Bestandteil der Entwicklungshilfe.

Schräg gegenüber vom Mercado kann man sich in einem Musikgeschäft mit CDs von heimischen Topstars wie Cesária Évora, Tito Paris und den Tubarões eindecken. Egal, wo man ist, wenn Musik erklingt, bleibt keine Hüfte ruhig, kein

Kleine Schiffswerft in Pedra Badejo

Fuß neben dem anderen stehen, wird gelacht und gekichert. In einem kapverdischen Sprichwort heißt es: »Wer singt, verscheucht seine Sorgen.« Nachts wird hier die Sonne geschlachtet; hat sie sich abgekühlt, fangen die Kapverdier an zu leben. In den Kneipen werden der oft selbstgebrannte und mit Vorsicht zu genießende Zuckerrohrschnaps Grogue, Caipirinha und das leichte kapverdische Bier »Ceris« ausgeschenkt.

Reise durch die ausgetrocknete Berglandschaft Santiagos

Mit dem Geländewagen geht es ins Bergland Santiagos. Eine Asphaltstraße führt durch die jüngst mit Akazien aufgeforstete, ausgedörrte Berglandschaft im Südwesten. Akazien sollen den Boden festigen, die Früchte liefern Futter für die Ziegen. An einer Baustelle wird es eng. Ein Trupp von 30 Männern und Frauen ist damit beschäftigt, Pflastersteine mit dem Handeisen in Form zu bringen. Das Straßennetz umfaßt etwa 2250 Kilometer, nur rund 600 Kilometer sind asphaltiert. Unterwegs, mitten im Nirgendwo, taucht eine Schar Kinder auf, den Schulranzen auf dem Rücken, Wasserkanister in den Händen.

Vergessen liegt Cidade Velha, die erste Hauptstadt der Kapverden, in einer hübschen Bucht, 13 Kilometer von Praia entfernt. Der Stern der Kapitale sank, als immer wieder Piraten die Stadt überfielen. Die Bewohner wichen nach Praia aus, das die Insignien der Macht

Verschlafenes Idyll in São Filipe, dem Hauptort auf Fogo

Hochstimmung beim Karneval in São Filipe: Manche Tanzfiguren erinnern an afrikanische Ritualtänze

1858 übernahm. Der Überlieferung nach fiel auch der königliche Pirat Sir Francis Drake mehrmals über die Inseln her.
Im Ort kläffen streunende Hunde den Europäern entgegen. Burg und Kathedrale sind die sichtbarsten Zeichen der früheren Bedeutung Cidade Velhas. Ein wenig Eindruck macht hoch über dem Ort nur die frisch renovierte Festung São Filipe von 1593, die rostigen Kanonen immer noch aufs Meer gerichtet, um Seeräuber abzuhalten. Dagegen ist außer ein paar Grundmauern von der 1533 errichteten Kathedrale aus der großen Zeit nichts übrig geblieben. Man muß eine gehörige Portion Phantasie aufbringen, um sich vorzustellen, daß Cidade Velha durch den Handel mit Zucker und Sklaven einmal ein florierender Hafen war. Wer heute hier reich ist, besitzt zwei, drei Hühner, eines der schwarzen Hausschweine, die grunzend frei herumlaufen, und ein paar Zuckerrohrpflanzen. »Bilder voller Narben, die wie die vielen Steine aus vulkanischer Vorzeit Spuren von Vergangenheit sind«, sagt Cesária.

Auf dem großzügigen Dorfplatz unter Palmen fegt eine Kreolin sorgfältig das Prunkstück des Ortes, den stattlichen Pranger. Fast 400 Jahre war hier einer der

Die Stadthäuser von São Filipe entstanden im 19. Jahrhundert

Ponta da Salina (unten)

Beim Karneval gehen Träume in Erfüllung: einmal Königin sein (unten)

Der Vulkan Pico de Fogo, Feuerberg, gab der Insel ihren Namen. Er ist der höchste Berg der Kapverden. Der steil ansteigende Vulkankegel hat sich in der östlichen Mitte der fast kreisrunden Insel plaziert. Vulkanologen meinen, daß seine symmetrische Form einmalig sei, ebenso wie seine vulkanische Landschaft. Ebenmäßig steigt der Feuerberg im Winkel von 20 bis 30 Prozent zum Kraterrand an. Um ihn gruppieren sich mehr als 100 Parasitärkrater. Beim Wandern ist zu beachten, daß nicht alle Wege nach dem letzten Vulkanausbruch von 1995 wieder instandgesetzt sind. Die Spuren der Verwüstung sind noch zu erkennen.

größten Umschlagplätze des portugiesischen Sklavenhandels, bis 1878 die Sklaverei abgeschafft wurde. Hunderttausende schwarzer Menschen wurden in der Kathedrale noch getauft, damit sie einen besseren Preis abgäben.

Im Inselinnern beherrschen die Serra de Malagueta und die Serra de António das Felsenszenarium. Schroffe Steilwände und Canyons, wohlgeformte Gipfelspitzen und Hochplateaus schaffen eine magische Kulisse. Die Hänge sind bedeckt mit Terrassenfeldern, in den Tälern gedeihen Zucker, Tabak und Bananen. Wo es Grundwasser gibt, nimmt Santiagos Landschaft beinah oasenhafte Züge an. Am Straßenrand werden Kokosnüsse verkauft, deren wässrige Milch herrlich erfrischt.

Tarrafal: idealer Standort für eine moderne Robinsonade

Paradiesisch liegt im Nordzipfel Santiagos die Bucht von Tarrafal: am Horizont der Atlantik und der »liegende Elefant«, wie die Einheimischen den 645 Meter hohen Monte Graciosa nennen. Ein paar Holzhütten träumen unter Kokospalmen, eine Handvoll bunter Holzboote liegt am Strand, Fischer versorgen ihre Netze. Hier kann man sich ohne weiteres als moderner Robinson fühlen. Ein paar Äffchen leisten dabei am Strand Gesellschaft.

Was dem einen das Paradies, das ist für den anderen die Hölle. Als »Lager des langsamen Todes« wurde Tarrafal von 1936 bis 1974 zum gefürchteten Ort, an dem Diktator Salazar Regimegegner aus Portugal und Oppositionelle von den Kapverden und den anderen Kolonien verschwinden, foltern und sterben ließ. Eine makabre Touristenattraktion am südlichen Ortsausgang, die noch als Schule dient, aber in ein Museum umfunktioniert werden soll.

Fogo: herbschönes Eiland, beherrscht vom Vulkan

Inselsprung. Von oben sieht Fogo wie eine Muschel aus. Die Landung ist unsanft, doch der Pilot bringt den TACV-Turboprop kurz vor der Steilküste sicher zum Stehen. Fogo heißt Feuer. Die »Feuerinsel« ist ein herbschönes Eiland voller Farben: Vulkananthrazit, Aschgrau, Lavaschwarz, Strohgelb, Palmengrün, Gebirgsbachblau, Himmelblau, Ozeangrün. Der Vulkan Pico de Fogo ist ein

Mammutberg, der Konkurrenz nicht zu scheuen braucht: Mit seinen 2829 Metern ist er der höchste Gipfel der Kapverden und damit fast so hoch wie die Zugspitze. Im Frühjahr 1995 brach er nach 44 Jahren Pause erstmals wieder aus. Unerschrockene Wanderer kämpfen sich durch Steinwüsten, Ascheberge, Schlacke, Tuffsteine und Lavamassen in den unterschiedlichsten Formen durch die Wolken vor bis zum schwarzen Vulkankegel – gute Kondition braucht man schon. Ganz Mutige haben sich oben in Chã das Caldeiras aus schwarzem Vulkangestein ärmliche Häuser gebaut; sie wurden 1995 evakuiert. Hier oben ist alles schwarz. Man fühlt sich wie auf einem anderen Stern.

São Filipe: Wo die Tage heiß und die Nächte lang sind

Erstarrte Lava gliedert die Küstenlinie in kleine Buchten. Bemerkenswert sind im Inselhauptort São Filipe nur die Kirche, der Friedhof mit Meerblick und einige Häuser im portugiesischen Stil. Tagsüber flüchten die Bewohner vor der Hitze, wie ausgestorben wirken die staubigen Straßen. Doch die Nächte in den Bars und Cafés werden lang, besonders beim Karneval. Die Ausgelassenheit kennt dann kaum Grenzen. Wochen vorher werden Kostüme genäht, Federn gefärbt und Masken gebastelt, damit die Menschen ordentlich und ganz unkatholisch swingen und Späße treiben können. Keine Krise scheint die Lebenslust bändigen zu können. Der Zuckerrohrschnaps fließt in Strömen.

Brava: Hinter der Inselidylle verbirgt sich Langeweile

Eine andere Insel, eine andere Welt: Brava ist das bevölkerungsärmste Eiland des Archipels. Sie »Blumeninsel« zu nennen, ist übertrieben, aber die Kapverdier tun es dennoch. Das hohe Gebirgsmassiv bietet die Grundlage für das feuchttropische Mikroklima und die vergleichsweise üppig wachsenden Oleander, Hibisken und Bougainvilleen. Eine ergiebige Quelle, die schon Ende des 15. Jahrhunderts Piraten anzog, versorgt das gesamte Eiland mit dem kostbaren Naß. Im 19. Jahrhundert war Brava ein berühmtes Walfangzentrum. Amerikanische Walfänger rekrutierten im Hafen von Furna ihre Mannschaften. Manchmal lagen dort bis zu zwölf US-Schiffe vor Anker. Heute herrscht auf der kleinsten bewohnten Insel Armut und gähnende Langeweile. Energien verpuffen; es gibt kaum etwas zu tun. Viele gehen nach Praia. Idylle und Inselkoller liegen eng beieinander.

Der Abstieg vom Pico findet im Laufschritt durch die Lavaasche statt

Der Vulkan Pico de Fogo ist noch aktiv

Straße durch die Aschefelder von Fogo

Wie ein Spiegelei sieht sie aus – flach, sandgelb, mit weißschäumenden Wasserkronen am Küstensaum: das wüstenhafte, 269 Quadratkilometer große Maio. Für viele ist die Insel nichts als makellos weißer, feiner, menschenleerer Sandstrand – Wüstenlandschaft in Bilderbuchmanier. Die meisten Menschen leben von Schafzucht und Fischfang. Maio liegt weit ab vom Schuß und hat seine eigenen Regeln.

Brava

Anreise: Brava wird bis auf weiteres von der TACV nicht mehr angeflogen. Auskunft für Fährverbindungen: Arca Verde, Mindelo, Tel. 314979.

Unterkunft/Essen: Recht ordentlich ist die »Pousada« (Nova Sintra, Tel. 851697). Familiär ist die Pensão »Paulo Sena« (Rua da República, Nova Sintra, Tel. 851312). Snacks und handfeste Regionalküche im Bar-Restaurant »Miguel« (Avenida Amílcar Cabral, Tel. 851305).

Sehenswertes/Ausflüge: Im Grünen liegt der Hauptort Nova Sintra, umgeben von tropischen Pflanzen, Bananenstauden, blühenden Gärten und einigen Stadtvillen. Furna ist ein Fischerdorf mit Hafen, Standort der Hummer-, Thun- und Tintenfischfischer. Bei dem oasenhaften Dorf Fajã d'Água befindet sich eine Süßwasserquelle. Im Osten sprudelt aus einer Quelle im Bergstollen, Vinagre (»Essig») genannt, ein natursaures Mineralwasser; daneben ein altes Badehaus. Badestrand in Praia de Pento.

Fogo

Anreise: Mehrmals wöchentlich von/nach Santiago. Auskunft: TACV, São Filipe, Tel. 811228, und Mosteiros, Tel. 831031.

Unterkunft: Angenehm, ordentlich ist das Hotel »Xaguate« mit Strandlage an der Praia Fonte Vila (19 Zi., São Filipe, siehe Inselkarte, Planquadrat A 3, Tel. 811222, Fax 811203). Im Stil spartanisch, aber freundlich, sind die Pensionen »Las Vegas« im Zentrum (10 Zi., São Filipe, Tel. 811281) und »Cristina« (Igreja, Mosteiros, C 1, Tel. 831045).

Essen/Ausgehen: Im Restaurant »Leila« werden preisgünstige Langusten serviert. Frischen Fisch bekommt man im »Chácara« (São Filipe, Tel. 811457). Das Café »di Fogo« preßt exotische Fruchtsäfte, dazu diverse Snacks.

Sehenswertes/Ausflüge: In der Altstadt des Hauptortes São Filipe (A 3) viele Plätze, enge Gassen und Sobrados, stattliche Stadthäuser der weißen Grundbesitzer aus dem 18. Jh. Bröckelnde, pastellfarbene Fassaden und schwarz-weißes Kopfsteinpflaster nach portugiesischer Manier. Gesellschaftlicher Gegensatz: Im angrenzenden Stadtteil »Riba« wohnten in primitiven Unterkünften die Sklaven. Maroder Charme auch in Mosteiros (C 1), landschaftlich paradiesisches Umland. Bei Chã das Caldeiras (C 2) produziert die Weinkooperative von Djeme Fontes den Fogo-Wein »Manecom«, der hier auf Lavasand wächst.

Feste: In der letzten Aprilwoche und am 1. Mai wird das größte Fest der Kapverden gefeiert, die Festa Nhô São Filipe oder Festa das Bandeiras. Volksfest, Tanz, Pferderennen, Festgerichte wie die Süßspeise Xerén de Festa.

Sport: Der Vulkan Fogo (2829 m) ist eine Herausforderung für Wanderer. Wer ihn besteigen will, läßt sich mit dem Aluguer (Pickup oder Minibus) zum Dorf Chã das Caldeiras auf 1700 m bringen. Hier findet man Führer für den gut vierstündigen Aufstieg. Bergab geht es etwas schneller. Gute Kondition, geeignetes Schuhwerk, reichlich Trinkwasser, Sonnenschutz, mindestens sechs Stunden Zeit und für manche Passagen Klettererfahrung sind Voraussetzung, um diese Tour erfolgreich abzuschließen. Wanderungen organisiert: Cabetur, Rua Serpa Pinto 4 r/c, Praia, Tel. 615551. Badebuchten: Vale de Cavaleiros (A 3) und Salina (B 1).

Maio

Anreise: Mehrmals wöchentlich von/nach Santiago fliegt die TACV, Rua Unidade Africana, Vila do Maio, Tel. 551256.

Unterkunft/Essen: Einfach, angenehm ist das Residencial »Bom Sossego«. Meerblick, ordentliches Restaurant (15 Zi., Vila do Maio, Tel. 551365, Fax 551327). Schlicht, das Hotel »Marilù«. Annehmbares Restaurant (12 Zi., Rua 24 de Setembro, Vila do Maio, Tel. 551198, Fax 551347). Das Restaurant »Mascarenhas« bietet traditionelle Regionalküche.

Sehenswertes: Bunte Fischerboote am Strand des schläfrigen Hauptortes Vila do Maio, eine kleine Festung am Hafen und das Schmuckstück Maios: eine große, zweitürmige Kirche von 1872 im portugiesischen Stil mit barocken Anklängen. Auf den großflächigen Salinen (5000 x 1500 m) im Nordwesten von Vila do Maio wird Salz nur für den Eigenbedarf abgebaut. Die Gegend von Ribeira da Lagoa zählt zu den fruchtbarsten: Hier wachsen Bananen, Limonen, Kokospalmen, viele Feigenbäume. Oasen in der Wüste sind Figueira da Orta und Ribeira do João. Im Dorf Morro gibt es eine Töpferei. Calheta ist ein hübsches Fischerdorf.

Fest: Das wichtigste Fest wird drei Tage gefeiert, vom 24.–26. Juni: die traditionelle »Tabanca«, das Fest des hl. Johannes, Volksfest mit Prozession.

Badestrände: Ribeira do João, Praia Ponta Preta, Porto Cais, Praia Real.

Santiago

Anreise: Mehrmals wöchentlich TACV-Flüge von/nach Sal, Boavista, Fogo, São Vicente, Santo Antão, Brava und Maio, Avenida Amílcar Cabral, C. P. 1, Praia, Cabo Verde, Tel. 615813, Fax 613585.

Unterkunft: Im Nobelvorort von Praia: das Vier-Sterne-Hotel »Praia-Mar«, Strände von zwei Seiten (59 Zi., Prainha/Praia, siehe Inselkarte, Planquadrat D 5, Tel. 613777, Fax 612972). Auf einem Kliff liegt das moderne Komfort-Hotel »Trópico«, am ruhigen Stadtrand (51 Zi., Praia, Tel. 614200, Fax 615225). Einfach, aber ordentlich, das Hotel »Marisol« (25 Zi., Chã d'Areia, Tel. 613460, Fax 611612). In der einsamen Bucht von São Francisco (D 4) steht das kom-

Ein 2829 Meter hoher Vulkan beherrscht die Insel Fogo

fortable Feriendorf »King Fisher Lodge« (5 Häuser für 2–7 Personen, Kontakt in Deutschland: Ursula und Hermann Rolfs, Strandstraße 57, 24229 Strande, Tel. 04349/203, Fax 645). Supermodern, mit allem Komfort und Strandidylle: das Strandhotel »Tarrafal« (20 Zi., Vila do Tarrafal, A 1, Tel. 661785, Fax 661787). Sehr einfach sind die Bungalows »Baía Verde« im Palmenwald der Bucht (46 Zi., Vila do Tarrafal, Tel. 661128).

Zwei Gebirgszüge formen auf Santiago eine grandiose Landschaft

Essen: Open-air-Restaurant mit Gartenatmosphäre: »Garden Grill«. Lecker die gegrillten Gamba-Spieße. Abends Live-Musik (Fazenda, Tel. 612050). Das »Panorama« hat aus gutem Grund den Namen, gute Küche (Rua Serpa Pinto, Tel. 614100). Wer auf italienische Küche nicht verzichten kann: »La Cucina« (Achada de Santo António, Tel. 621437). Ordentlich ißt man im »Flor de Liz« (Rua 19 de Setembro, Tel. 612598). Ein beliebter Treffpunkt nahe der Bucht das Café-Restaurant »O Poeta« (Achada de Santo António, Tel. 613800). Die »Casa de Amizade« bietet gute kreolische Küche unter Strohdach, mit Blick auf Bucht und Bergwelt (Calheta de São Miguel, Tel. 731009). Die beliebtesten Restaurants in Tarrafal: »Esplanada Graciosa« (Tel. 661128) und »Tatá« (Tel. 661125).

Nachtleben: Ideal für Nachtschwärmer ist die Disko-Szene in Praia: »Zero Horas« (Achada Grande), »Atlântida« (Achada de Santo António), »Prisma« (Achada de Santo António), »Carydállas« (Pensamento), »A Teia» (Fazenda) – vor Mitternacht ist nie etwas los. Witzig die »Piano-Bar« (Chã d'Areia). In Tarrafal gibt es diverse Bars.

Sehenswertes/Ausflüge: Außer dem Mercado ist in Praia (D 5) der Markt »Sucupira« im Stadtteil Fazenda sehenswert, wo hauptsächlich Kleider, Sandalen, Transistorradios, Uhren, Waschschüsseln und Besen verkauft werden. Im alten Hafenviertel erinnern die Piere und das Zollgebäude an bewegtere Zeiten um die Jahrhundertwende (19./20. Jh.). Prainha heißt das Nobelviertel, wo die meisten diplomatischen Vertretungen zu finden sind; mit Strandzugang. Im Stadtteil Achada do Santo António spielt sich die Nachtszene ab.
Der totale Kontrast zur Wüste: In São Jorge dos Orgãos (C 4) in der Serra do António liegen »Botanische Gärten« mit zahlreichen Bougainvilleen, Hibisken und vielen Palmen sowie die Musterplantage einer staatlichen Forschungsanstalt, wo die Natur paradiesisch wuchert. Sensationell die Szenerie der umliegenden der Orgelpfeifenberge.
Die bizarre Felsenwelt Santiagos, besonders die Serra de Malagueta (B 2), bietet schönste Ansichten mit schroffen Tälern und Schluchten. Mittendrin die ländliche Bergstadt Assomada (B 3), ein bedeutender Marktflecken (Markt Mi/Sa). Bei Boa Entrada (B 3) beeindruckt der älteste und höchste Baum der Insel, »Pei do Plom«. Im Küstendorf Ribeira da Barca (A 3) kann man ein Boot chartern und zur Grotte »Águas Belas« und zum Strand fahren.
Die Westküste ist wüstenhaft karg, dagegen die Ostküste abwechslungsreich bis lieblich. Schöngelegene Fischerdörfer mit Flair sind Achada Fazenda (C 3), Pedra Badejo (C 3) und Calheta (C 2). In Tarrafal (A 1) befindet sich das Strafgefangenenlager des Regimes von Salazar. Eine Umwandlung zum Museum ist in den nächsten Jahren geplant.

Sport: Badestrände: Praia de Prainha (C/D 5), Praia de São Francisco (D 4). Die Bergwelt Santiagos mit Canyons, Hochebenen und Gipfeln bietet Mountainbikern beste Bedingungen. Bergführer kann man in den nächstgelegenen Orten anheuern (z. B. in Assomada, B 3, zum Pico de São João). Tauchen: In Tarrafal bietet die Tauchbasis »Blue Adventure« des Deutschen Peter Greim Ausbildung nach Padi, nach Vereinbarung auch Nachttauchgänge an. Neuwertige Leihausrüstungen (Tel. 661880). Hochseeangeln: bei King Fisher, Informationen in Deutschland unter 04349/203. Wanderungen organisiert: Cabetur, Rua Serpa Pinto 4 r/c, Praia, Tel. 615551.

Shopping: Ein breites kunsthandwerkliches Angebot hat »Nativa Galeria« (Rua Cesária Lacerna, Praia) zu bieten. In São Domingos (C 4) liegt das kleine Kunsthandwerkzentrum, das einfache Arbeiten aus Kokosnüssen, Kuhhörnern und Keramik verkauft.

Information: Promex, Achada de Santo António, Praia, Tel. 622621, Fax 622737.

Viele Felder erreichen die Bergbauern von Mosteiros auf Fogo nur per Esel

Aufwendiges Karnevalskostüm in Praia

Sklaven auf Santiago: In Praia gehört auch Vergangenheitsbewältigung zum Karneval

Kapverdische Lebenslust beim Straßenkarneval in Praia

Parade der Karnevalswagen auf Santiago

Einmal im Jahr werden Träume wahr: Habenichtse werden zu schönen Prinzen und Prinzessinnen, Arbeitslose zu mächtigen Stammeshäuptlingen. Vier Tage im Jahr erleben die Kapverdier beim Karneval ihre glücklichsten Tage. Das Leben des normalen Alltags gerät in den Ausnahmezustand. Alle Gesetze und Regeln der Gesellschaft werden außer Kraft gesetzt, die soziale Hierarchie umgekehrt. Mit unvorstellbarer Phantasie setzen die Kapverdier alles Ersparte in Tüll und Pailletten um. Die Trommeln dröhnen ohrenbetäubend. Die Musik treibt die stampfende und wogende Masse in die Ekstase. Grogue fließt in rauhen Mengen.

Im Alltag von Praia undenkbar: Mann mit Bikini-Oberteil

Morna, die Erlösung von der Traurigkeit

Musik

Karges Land voller Liebe und Morna und Coladeira, süßes Land voller Liebe und Batuque und Funaná. So viel Nostalgie, so viel unendliche Nostalgie. Mein kleines Land, ich liebe dich so.« Traurig, melancholisch, voller Gefühle singt Cesária Évora ihre Morna »Petit Pays«, eine tränenschwere Liebeserklärung an die Kapverden.
Anfang der neunziger Jahre eroberte Cesária Évora mit ihren traurigsüßen, melodischen Songs die Herzen der Europäer. Als »Königin der Barfüßigen«, die wie in ihrer Heimat auch bei ihren Europa-Tourneen in wallenden Gewändern und mit nackten Füßen auftritt, sang sie ihr kleines Land ins Bewußtsein der Welt hinein. Ob in Paris, London oder Hamburg, immer singt sie vor ausverkauften Häusern. Im Halbdunkel greift sie zum Mikro und legt ihre linke Hand auf Herzhöhe an den langen Kaftan.
Cesária trägt die Seele eines ganzen Landes im Kehlkopf. Mit rauher, warmer Stimme, voll selbst erfahrenen Leids und Lebensweisheit, erzählt sie von den Kapverden, von den Tränen und dem Lachen, von bitterer Armut, harter Arbeit, Freiheit, Macht, Liebe und der Magie des Sonnenuntergangs am Meer. Der Cavaquinho – eine kleine Gitarre –, die Geige, das Akkordeon und die Klarinette schmiegen sich um Cesárias tiefe Stimme. Sie schließt die Augen, als durchlebte sie die Geschichte der Sklaverei und die Armut ihres Landes noch einmal. »Barfüßigkeit ist kein Symbol der Armut«, meint Cise, wie die Sängerin liebevoll von ihren Landsleuten genannt wird, »sondern für Freiheit und Unabhängigkeit.«
Die Morna sei Religion und Therapie der Kapverdier. Nur sie könne, nach Cises Meinung, die Leiden lindern, die Schwierigkeiten und Traurigkeiten vergessen lassen. In ihrem Lied »Tudo sem se limite« (Alles hat Grenzen) erinnert sie die reichen Europäer daran, daß auf den Kapverden viele Menschen bettelarm sind. »Du hast keine Schwierigkeiten gekannt.

Trommeln geben dem Funaná den Rhythmus

Armut war für Dich immer ein Märchen. Du hast niemals für die Freiheit gekämpft. Also sage mir, woher nimmst Du das Recht, die Realität in unserem Lande zu beurteilen?«
Cesária Évora stammt von der Insel São Vicente und wurde am 27. August 1941 geboren. Ihr Vater, selbst Geiger und Cousin des kapverdischen Komponisten B. Leza, starb früh und ließ eine achtköpfige Familie zurück. Cesárias Geschwister wanderten mit vielen anderen aus; nur Cesária blieb. Die Hafenstadt Mindelo besaß ein reges Nachtleben, das gefiel ihr. Mit 16 Jahren hatte sie mit dem Singen in der Gruppe »Dia Sim Dia Sim« angefangen. Sie sang Mornas und Coladeiras in verrauchten Bars und Clubs und tanzte dazu. Für jedes Lied gab es 25 Escudos, etwa 75 Pfennige, oder einen Drink. Ihre Karriere startete in der »Piano-Bar«, wo sie zusammen mit dem Komponisten Manuel de Novas auftrat. Als Ende der fünfziger Jahre Mindelo als Stützpunkt zwischen Europa und Amerika seine Bedeutung verlor, schloß auch die »Piano-Bar«. 1988 überredete sie der in Frankreich lebende Produzent José da Silva, in Paris ihr erstes Album »Diva aux pied nus« aufzunehmen. Weitere Alben, u. a. »Mar azul«, folgten. Der Durchbruch gelang ihr 1992 mit »Miss Perfumado« mit mehr als 200 000 verkauften Exemplaren.
Die Morna ist der kapverdische Blues, eine Mischung aus dem portugiesischen Fado, Tango oder Cante flamenco, die nur überzeugt, wenn sie tief aus dem Bauch heraus kommt. Sowohl die Morna als auch die rhythmisch-lebhafte Coladeira entsprechen zwei Facetten der kapverdischen Seele: Morna entspringt der Poesie, Sehnsucht und Liebe, die Coladeira der Freude, dem Humor und dem Feiern. Beide kamen um die Mitte des 19. Jahrhunderts auf. Die Texte werden auf Crioullo gesungen, und wie die Sprache ist die kapverdische Identität – halb europäisch, halb afrikanisch. Sie vermitteln etwas von dem Lebensgefühl zwischen Armut und Überlebenswillen, und tanzend schütteln die Kapverdier dazu die Alltagssorgen vom Körper. Die bekanntesten Sänger und Musiker von den Kapverden sind Paulino Vieira, Bau, Armando Tito, Chico Serra, Bana, Celina Perreira, Luís Ramos, Tito Paris und Nando Andrade.
Batuque (oder Batuco) ist der älteste und afrikanischste Tanz der Kapverden. Er kam

Musik begleitet den Alltag: ein Ständchen zum Dessert im Restaurant »Vulcão« in Santa Maria auf Sal

Straßenmusikant in Pául: Liebe auf den Lippen

zur Zeit der Sklaverei auf, stammt also aus den frühesten Anfängen des Inselstaates. Er besteht aus mehreren Elementen, und Frauen spielen die Hauptrolle. Eine Vorsängerin beginnt mit den »Cantigas de Finançon«, die sich mit Gospelgesängen vergleichen lassen. Sie ist die gebildetste aus ihrem Kreis, meist mit einem Hang zur Poesie. Begleitet wird sie von einer Viola oder dem Cimboa, einem einsaitigen afrikanischen Streichinstrument. »Chabéta« ist der Hauptteil beim Batuque. Der Chor, ausschließlich Frauen, veranstaltet einen sagenhaften Trommelwirbel auf den ausgestopften Plastiksäcken, die sie zwischen den Knien halten und den klassischen Rhythmus der Trommeln simulieren.
Die Sklaven fanden auf den Kapverden nicht das Material für Trommeln, und die Kolonialherren wie auch die katholische Kirche taten alles, um diese Ausdrucksform kultureller Identität und des Zusammenhalts zu unterbinden; so griffen sie auf andere Möglichkeiten zurück.
Mit den Trommeln setzt der Tanz ein, »Torno«. Tänzer und Tänzerinnen wiegen sich in den Hüften, stampfen, rollen, gehen in die Knie, bis sie fast den Boden berühren, imitieren sexuelle Liebesstellungen. Die einsetzenden Gesänge »Cânticos« sind immer improvisiert, meist mit anzüglichen, satirischen, humorvollen oder gesellschaftskritischen Texten. Der Batuque, früher wichtiger Bestandteil bei gesellschaftlichen Anlässen wie Taufen und Hochzeiten, verschwindet langsam aus dem Alltag.

Der flotte Funaná ist die klassische kapverdische Musik, die vor allem auf dem afrikanisch geprägten Santiago zu Hause ist. Von hier stammt auch die populäre Gruppe »Os Tubarões«, auf den Kapverden der Inbegriff des Funaná. Die wichtigsten Instrumente sind das Akkordeon und ein metallenes Reibeisen, auf dem durch schnelles Reiben der typische Rhythmus erzeugt wird.
Musikforscher gehen davon aus, daß Funaná erst Anfang des 20. Jahrhunderts aufkam. Andere Stimmen meinen, daß der Name einfach von den außergewöhnlichen Musikern Funa und Nana abgeleitet wurde, oder von São Tomé stammt, wo es ähnliche Klänge gibt. Über Jahre war Funaná nur bei ländlichen Festen zu hören. Die bessere Kolonialgesellschaft, die ausschließlich mit Mornas und Coladeira etwas anfangen konnte, rümpfte sogar die Nase über den Funaná, die sie »zu wild« fanden und als Ausdruck »schlechten Geschmacks« verstanden. Wegen seines galoppierenden, aufputschenden Rhythmus sagte man ihm sogar nach, daß er alkoholisierte Gemüter anheize, Auseinandersetzungen und Schlägereien provoziere.
Mit der Befreiung 1975 befreite sich auch die Musik aus ihren Fesseln. Plötzlich war alles erlaubt, Funaná breitete sich explosionsartig und in immer neuen Varianten aus. Danach kehrten manche, wie die Gruppe »Bulimundo«, zu den Wurzeln zurück, andere experimentierten weiter, etwa »Finaçon« und »Os Tubarões«.

»Os Tubarões« gründete sich 1969 und hat bisher neun Schallplatten eingespielt. Wie für alle kapverdischen Gruppen ist es schwer, von der Musik zu leben. 1997 brach die Gruppe auseinander. Ildo Lobo, seit 1973 Sänger der »Os Tubarões«, startete erfolgreich eine Solokarriere.
Info: Vor Ort bekommt man Kassetten (um 600 ECV) und CDs (um 1500 ECV)

Cesária Évora – die »Königin der Barfüßigen«

am besten in Santa Maria/Sal, Mindelo/São Vicente und Praia/Santiago. Aber auch in Deutschland ist kapverdische Musik zu haben, so die Best-of-CD Cesária Évora oder den Sampler »The Spirit of Cape Verde« mit Songs diverser Musiker (erschienen bei Tropical Music).

Das Schiff ist voll, die Stimmung gut: Musiker auf der Fähre zwischen São Vicente und Santo Antão

Neun Wanderziele zum Entdecken

Wandern/Azoren

Hortensien am Wegesrand auf São Jorge

Für viele Wanderer gehören Touren auf den Azoren zum Schönsten, was sie auf europäischem Boden erleben können. Die vielgestaltige, abwechslungsreiche, von den besonderen Lebensbedingungen der neun Eilande bestimmte Inselwelt, die zahlreichen endemischen Pflanzen und Vögel kann man anders kaum besser entdecken als auf Schusters Rappen. Nahezu überall wuchert das Grün, ist der tiefblaue Ozean zu sehen. Die Wanderer können den Spuren der vulkanischen Entstehungsgeschichte folgen, dabei über Lavafelder steigen, Krater umrunden oder Vulkane erklettern. Begegnungen mit den außerordentlich freundlichen Azoreanern gehören zu den weiteren Erlebnissen. Die Azoren sind ein ebenso unentdecktes wie ideales Wandergebiet, das allen Ansprüchen gerecht wird. Wegen instabiler Wetterlagen sollte man einen Regenschutz stets dabeihaben. Wer unterwegs von einem vorbeifahrenden Bus mitgenommen werden will, braucht nur zu winken – auch an den Haltestellen! Dennoch ist das Wandern mit einigen Hindernissen verbunden. Es gibt wenige Wanderführer oder Agenturen, die organisierte Touren anbieten. Eine Beschilderung von Wanderwegen (Trilho) sucht man bisher häufig vergeblich. Es gibt nur in seltenen Fällen Markierungen, Geländemarken, an denen Wanderer sich orientieren könnten. So sind selbst ausgearbeitete Wanderungen schwierig. Viele Wanderer scheitern, weil sie angegebene Orientierungspunkte nicht finden. Auch Telefone sind manchmal schwer erreichbar. Abseits der Straßen, die vor allem auf den kleineren Inseln wenig befahren sind, braucht man eine gute Portion Orientierungsvermögen und Wandererfahrung, um sich ohne Komplikationen zurechtzufinden. Auf Terceira, São Jorge und Pico sollte man beim Überqueren von Weiden und Wiesen das Vieh im Auge behalten; freilaufende Kühe oder Stiere können durchaus angreifen und gefährlich werden.

Wanderwege sind auf den Azoren Wirtschaftswege, wo man einheimischen Bauern begegnet

Die Delegação do Turismo in Faial (siehe Seite 73) hat Ende 1998 für diverse Inseln sehr informative Wanderprospekte herausgebracht, mit Tips und Routenbeschreibungen. Auch wenn sie vorerst nur auf Portugiesisch erscheinen, bieten sie Anhaltspunkte für Wanderungen auf eigene Faust. Die Karten helfen bei der Orientierung, ebenso wie die Angabe der Entfernung (Distância) und die Länge der Wanderung (Duração). Die Schwierigkeitsgrade (Grau de Dificuldade) sind mit Sternchen von 1 bis 3 angegeben. Geologische Wanderungen, Erkundungstouren in die Welt der Vulkane wie auf Terceira sind in Vorbereitung.

Info: ***Veranstalter/Führer:*** Wanderungen auf São Miguel: Agência de Viagens Melo, Lda., Rua de Santa Luzia 24, Ponta Delgada, Tel. 096/205380. Susanne Jaep, Travessa da Calheta 16, Ponta Delgada, Tel. 096/384918 (auch andere Inseln).
Wanderungen auf Pico: Flamínio Alberto P. Costa, Rua D. Arquimínio, São Mateus, Madalena/Pico, Tel. 092/699196. Pico

Wanderweg an der Fajã dos Cubres, São Jorge

Sport's Ltd., Ponta das Baleias, Prainha do Galeão, Madalena, Tel. 092/6224000. Wanderungen auf Terceira: Wanderungen durch die Flora mit endemischen Pflanzen und Grottenführungen bieten die Os Montanheiros, Rua da Rocha 6, Angra do Heroísmo, Tel. 092/212992. ***Empfehlenswerte Wanderführer:*** In der Reihe »Sunflower Auto- und Wanderführer« hat Andreas Stieglitz unter dem Titel »Landschaften der Azoren« Auto- und Wanderrouten auf allen Azoreninseln ausgearbeitet. Die ausgezeichneten Karten basieren auf Katasterplänen (London 1995). »The Azores – Garden Islands of the Atlantic« ist der Titel eines englischsprachigen Führers. Die Autoren David Sayers und Albano Cambron sind Inselkenner, die Karten sind jedoch teilweise nicht zuverlässig (Hrg. Agência de Viagens Melo, Lda., Ponta Delgada).

Paradies für Wanderer auf der Blumeninsel

Wandern/Madeira

Am Encumeada-Paß im Herzen von Madeira führt die Levada durch blühende Ginsterlandschaften

Madeira ist ein einmaliges Wanderziel: Die Insel bietet eine abwechslungsreiche Gebirgslandschaft, üppige Vegetation und rund 3000 Wanderkilometer, meist als Bauern- und Arbeitswege, Schäfer- und Jägerpfade und Fußwege entlang der Levadas (siehe auch Seite 36f).

Obwohl immer mehr Gäste zum Wandern auf die Insel kommen, fördert die Inselregierung diese Art von Tourismus kaum. Viele Wege verfallen, Wegbeschreibungen sind nicht und Ausschilderungen selten vorhanden. Offiziell angelegte touristische Wanderwege gibt es nur im Hochgebirge, etwa den Höhenweg vom Pico do Arieiro zum Pico Ruivo, zur Achada do Teixeira bis zur Encumeada; man geht über viele Betonplatten und Stufen und findet gelegentlich eine Bank zum Ausruhen.

Mit dem Bau der Levadas haben die ersten Siedler ein weites Netz von Wegen geschaffen, die bis in das Herz der Insel führen, zu unberührter Natur mit Wasserfällen, tropischen und subtropischen Pflanzen und rauschenden Forellenbächen. Bei Levada-Wanderungen ist jedoch zu bedenken, daß diese Pfade nicht als öffentliche Wanderwege konzipiert worden sind. Es sind die Arbeitswege des Wartungspersonals, der Levadeiros, die sie benutzen, um die Levadas instandzuhalten. Die Wege, die an den Wasserleitungen entlang oder auf ihren schmalen Mauern verlaufen, eignen sich dennoch hervorragend für Wandertouren, wenn man einige Vorsichtsmaßnahmen beachtet.

Viele Levada-Touren erfordern ähnliche Vorbereitungen wie Gebirgswanderungen. Kondition, Trittsicherheit und Schwindelfreiheit sind auf vielen Strecken dringend erforderlich. Abhängig vom Wetter sind die Wege oft feucht und glitschig. Häufig führen sie durch lange Tunnel, nicht selten fehlt selbst an Steilhängen ein Geländer. Wasserfälle, Erdrutsche, Nebel und Unwetter sind weitere Widrigkeiten, mit denen zu rechnen ist. Zur Grundausstattung gehören deshalb festes Schuhwerk mit Profilsohle, Taschenlampe (für die Tunnel), Kompaß, Sonnenhut, Sonnenbrille, Karten und Proviant. Für die Gebirgsregionen, wo das Wetter schnell umschlagen kann, gehören eine Regenjacke und ein warmer Pulli in den Rucksack. Es gibt auf Madeira keine Möglichkeit, Wanderschuhe zu leihen.

Da Anfangs- und Endpunkte der Wanderungen oft weit auseinanderliegen, sollte man die Wanderung vor dem Start gründlich planen. Es empfiehlt sich, ein Taxi an den Endpunkt zu bestellen oder die Busverbindungen herauszusuchen;

Levada-Tunnel zwischen Ribeiro Frio und Portela

der Turismo in Funchal (siehe Seite 24) gibt Fahrpläne und Streckenführung der Buslinien heraus.

Wer nicht auf eigene Faust wandern will, bucht bei einem Veranstalter eine Tour. Andernfalls vertraut man einem der Wanderführer, die in Deutschland und auf Madeira im Buchhandel erhältlich sind.

Info: ***Veranstalter für Wanderungen:*** Eurofun, Estrada Monumental (Navio Azul, Einkaufszentrum), Funchal, Tel. 091/228638. Terras de Aventuras & Turismo, Caminho do Amparo 25, Funchal, Tel. 091/610118. M. APA, Vale das Neves 71, 9000 Funchal, Tel. 091/793921.

Empfehlenswerte Wanderführer: Der »Sunflower Auto- und Wanderführer: Landschaften auf Madeira« bietet Autotouren, Wanderungen und Picknickvorschläge (London 1997), ausgezeichnete Karten auf der Basis von Katasterplänen. Informativ wandert man mit »DuMont Richtig Wandern: Madeira« (Köln 1997). In den Pausen bieten sich die landeskundlichen Texte zur Lektüre an. Bis ins Detail erfährt man alles Wissenswerte über das Levada-Wandern in »Veredas e Lavadas da Madeira«, verfaßt von dem renommierten Biologen Raimundo Quintal, allerdings auf Portugiesisch (Hrg. Região Autónoma da Madeira, Funchal 1994). Beim Wandern sollte man sich auf möglichst detailgetreue Karten stützen. Beim Katasteramt in Funchal gibt es eine Karte im Maßstab 1:50000 (zwei Blätter).

Allgemeine Reise-Informationen

Der **Madeira-Archipel** besteht aus vier Inseln: Madeira, Porto Santo, den Ilhas Desertas und den Ilhas Selvagens; die beiden letzteren sind unbewohnt. Er liegt 640 km westlich von Casablanca, ungefähr 900 km westlich von Lissabon und 416 km nördlich der Kanarischen Inseln. Insgesamt leben auf dem Archipel rund 280 000 Menschen.
Madeira: 741 qkm, 258 000 Einw., davon 116 000 in Funchal (1996); Porto Santo: 42 qkm, 4800 Einw.; Ilhas Desertas: 7 qkm; Ilhas Selvagens: 4 qkm.
Der Archipel der **Azoren** umfaßt neun Inseln mit insgesamt 2326 qkm, die in eine Westgruppe (Flores, Corvo), eine Zentralgruppe (Terceira, Graciosa, São Jorge, Faial, Pico) und eine Ostgruppe (São Miguel, Santa Maria) gegliedert sind. Sie liegen auf dem gleichen Breitengrad wie Lissabon, die östlichste Insel Flores gut 1500 km von Portugals Hauptstadt entfernt, die westlichste Azoreninsel Santa Maria gut 600 km. Einwohner insgesamt: 243 000 (1996).
São Miguel: 760 qkm, 130 100 Einw.; Terceira: 382 qkm, 56 800 Einw.; Faial: 173 qkm, 14 800 Einw.; Pico: 446 qkm, 14 900 Einw.; São Jorge: 246 qkm, 10 300 Einw.; Santa Maria: 97 qkm, 6000 Einw.; Flores: 143 qkm, 4400 Einw.; Graciosa: 62 qkm, 5000 Einw.; Corvo: 17 qkm, 300 Einw.
Zum Archipel der **Kapverden** mit insgesamt 4033 qkm Landesfläche gehören 15 Inseln, davon sind neun bewohnt. Offiziell gegliedert sind die Inseln in den nördlichen Barlavento (São Vicente, Santo Antão, São Nicolau, Sal, Boavista) und den südlichen Sotavento (Santiago, Fogo, Brava, Maio). Sie liegen ungefähr 455 km westlich von der Küste des Senegal, 1500 km südlich der Kanaren und 3000 km südlich von Lissabon. Rund 414 000 Einw., vorwiegend Mulatten, Afrikaner und einige Europäer. Die Religion ist überwiegend römisch-katholisch, (93,2 %).
Santiago: 991 qkm, 171 430 Einw.; Santo Antão: 779 qkm, 43 270 Einw.; São Vicente 227 qkm, 51 260 Einw.; São Nicolau: 343 qkm, 13 580 Einw.; Sal: 216 qkm, 8000 Einw.; Boavista: 620 qkm, 3460 Einw.; Maio: 269 qkm, 5000 Einw.; Fogo: 476 qkm, 33 860 Einw.; Brava: 64 qkm, 6100 Einw.

Madeira: Korbschlittenfahrer in Monte

Adressen

Deutschsprachige Informationen über **Madeira** und die **Azoren**: Portugiesisches Touristik- und Handelsbüro, Schäfergasse 17, 60313 Frankfurt/Main, Tel. 069/234094, Fax 231433.
Informationen über die **Kapverden**: Botschaft der Republik Cabo Verde, Fritz-Schäffer-Straße 5, 53113 Bonn, Tel. 0228/265002, Fax 265061, und Honorarkonsulat der Republik Cabo Verde, Friedrichstraße 90, 10117 Berlin, Tel. 030/20252613, Fax 20251199.

Anreise

Madeira und Azoren: Die portugiesische Fluggesellschaft TAP Air Portugal fliegt als einzige Linie Madeira und die Azoren an – via Lissabon. Von verschiedenen deutschen Abflughäfen bietet sie tägliche Flugverbindungen nach Lissabon, ab Frankfurt und München täglich, mehrmals wöchentlich ab Berlin, Hamburg, Düsseldorf, Dortmund und Paderborn. Informationen: TAP Air Portugal, Waldschmidtstr. 39, 60316 Frankfurt, Tel. 069/40579100, Fax 40579200. Außerdem fliegen ganzjährig diverse Chartergesellschaften wie LTU, Condor und Hapag Lloyd Funchal an.
Kapverden: Einmal wöchentlich freitags fliegt die Cabo Verde Airline TACV ab München nonstop den Internationalen Flughafen auf Sal an, donnerstags geht es zurück über Amsterdam. Preis: ca. 1400 DM. Informationen: TACV, Schwanthaler Straße 26, 80336 München, Tel. 089/55253333, Fax 54506839.
Die TAP Air Portugal bietet von Lissabon aus diverse Flugverbindungen nach Sal. Termine und Preise erfragen (s. o.).
Die Chartergesellschaft Condor fliegt jeden Montag ab Frankfurt nach Sal, jedoch nur im Winter. Preis: ab DM 1298. Weitere Informationen: Condor, Am Grünen Weg 3, 65440 Kelsterbach, Tel. 06107/9390, Fax 939440.

REISEDATEN MADEIRA, AZOREN UND KAPVERDEN

Flug von Deutschland	Inlandsverkehr	Reisepapiere	Devisen	Mietwagen	Benzin	Hotel	Pension	Menü	Einfaches Essen	Ortszeit	Wanderurlaub
Madeira: ab 730 DM Kapverden: ca. 1400 DM	Madeira: Bus Funchal–Santana: 6 DM	Mad./Azoren: Ausweis Kapverden: Visum, Paß	Mad./Azoren: 1 DM = 100 PTE Kapverden: 1 DM = 55 ECV	pro Woche: Madeira: ab 400 DM Kapverden: ab 500 DM	pro Liter: Mad./Azoren: ca. 1,65 DM Kapverden: ca. 1,35 DM	Mittelklasse: Madeira (DZ): ab 120 DM Kapverden: ab 80 DM,	einf. Zimmer Mad./Azoren: ab 25 DM (DZ) Kapverden: ab 20 DM (DZ)	normales Restaurant: Mad./Azoren: ab 35 DM, pro Person	Mad./Azoren: ab 2 DM (Sandwich)	Mad.: –1 Std. Azor.: –2 Std. Kapv.: –2 Std. (im Sommer –3 Std.)	1 Woche Wandern auf Madeira: ab 1886 DM (bei Olimar)

Diplomatische Vertretungen

Für Deutschland (und die Schweiz):
Madeira: Consulado Honorário da República da Alemanha, Largo do Phelps 6, 9000 Funchal, Tel. 00351/91/220338.
Azoren: Consulado Honorário da República da Alemanha, Rua Cavalho Araújo 12/2, 9500 Ponta Delgada/São Miguel, Tel. 00351/96/283935.
Kapverden: Consulado da República da Alemanha, Largo 5 de Outubro, Praia/Santiago, Tel. 00238/611519.

Einkaufen, Souvenirs

Madeira: Die Lochstickerei, die Bordados de Madeira, ist weltberühmt. Kunstvoll werden in Baumwolle, Leinen oder Seide Blumen, Blätter und Bordüren gestickt und zu Tischdecken, Sets, Servietten, Taschentüchern, Blusen und Kleidern verarbeitet. Schon kleinste Deckchen sind unter 50 DM kaum zu haben. Eine kleine Bleiplombe, das Gütesiegel des Instituto de Bordados, Tapeçaria e Artesanato de Madeira (I.B.T.A.M.), bürgt für Qualität.
Daneben ist der Madeirawein das beliebteste Mitbringsel von der Insel, etwa Bual, Verdelho und Sercial.
Körbe in allen Größen, Tabletts, Blumenübertöpfe, Figuren und Korbmöbelgarnituren gehören zum Standardprogramm der madeirensischen Korbflechterei. Das Zentrum befindet sich in Camacha, Korbwaren kann man aber fast überall kaufen. Gegen einen Preisaufschlag von bis zu 40 Prozent versenden einige Händler sperrige Gegenstände.
Reisefertig verpackt erhält man in allen Blumenläden Strelitzien und Orchideen sowie viele andere Blumen und Pflanzen. Hübsch und bequem sind die Botas de Vilão, die Schaftstiefel aus hellem, derbem Leder mit rotem Streifen. Sie gehören zur madeirensischen Tracht wie auch die weiten, buntgestreiften roten Wollröcke und die rote Weste, ebenfalls in Souvenirläden zu finden. Lustige Accessoires sind der Strohhut der Korbschlittenfahrer in Monte, das blaue Flanellkäppi mit hochstehendem Zipfel (Carapuça) oder die kuschelige braune Strickmütze mit Ohrenklappen und Bommel (Barrete de Orelhas). An den Souvenirständen in den Bergen gibt es Wollwaren wie dicke Pullover, lange Strümpfe und Handschuhe zu kaufen.
Azoren: Käufliche Erinnerungen aus der Walfängerzeit findet man vor allem auf den Inseln São Miguel, Pico und Faial. Da der Walfang eingestellt ist, haben bemalte Pottwalzähne hohen Sammlerwert. Häufiger sind Schnitzereien aus den Walfischknochen. Von São Jorge stammen die rustikalen Ponta-alta-Wolldecken, die am Webstuhl hergestellt werden (Centro de Tecelagem, Fajã dos Vimes, Tel. 41671; Preisbeispiel: 2,10 x 2,5 m für ca. 51 000 Esc.).
Die feingliedrigen Blumen aus präparierten Fischschuppen (Flores em Escamas de Peixe) sind sicher kein alltägliches Souvenir; man findet sie auf São Miguel, Faial und Pico. Seltener anzutreffen und kostbarer sind die zarten Blumen, die auf Faial aus Feigenmark (Miolo de Figueira) hergestellt werden.
Auf São Miguel besteht die in Europa einmalige Gelegenheit, Tee und Ananas direkt vom Hersteller zu kaufen. Es gibt drei Ananasplantagen; auch Ananaslikör (Ananasplantage in Abelheira/Fajã de Baixo, tgl. 9–20 Uhr, Tel. 384438). Die Teeplantage für schwarzen und grünen Tee befindet sich in Gorreana im Nordosten von São Miguel: Fábrica de Chá Gorreana, Maia, Tel./Fax 442349.
Kapverden: Das Angebot an kapverdischem Kunsthandwerk ist klein, die Mittel sind sehr begrenzt. Nur im Centro Nacional de Artesanato (Praça Amílcar Cabral, Mindelo/São Vicente) gibt es die traditionellen farbenprächtigen Wandteppiche aus Wolle, für die man schon etwas investieren muß. Darüber hinaus stellen Töpfer auf den Inseln überwiegend schlichte Gebrauchskeramiken her, vor allem auf Maio, Boa Vista und Santiago. Typische Inselmitbringsel sind Arbeiten aus Kokosnußschalen und Tierhörnern, die als Zier- und Nutzgegenstände dienen, etwa Schalen oder Bleistifthalter, die teilweise von Kokosnuß-Schnitzern kunstvoll verziert sind, oder Segelschiffe aus Kuhhörnern.
Die Masken und Statuen aus Holz, die bei den großen Hotels angeboten werden, sind afrikanische Souvenirs, keine kapverdischen: Sie stammen vom Festland, meist aus Guinea und dem Senegal. Im Interesse des Artenschutzes ist es untersagt, Mitbringsel aus Krokodilhäuten und Schildpatt zu kaufen, die ebenfalls vom Festland importiert werden.

Sperriges Souvenir: Weidenkorbstühle aus Camacha kann man sich nach Hause schicken lassen

Im Centro Nacional de Artesanato in Mindelo

Einreise

Für die Einreise nach Madeira und den Azoren genügt ein Personalausweis oder Paß. Zur Einreise nach Kap Verde werden ein gültiger Paß und ein Visum benötigt, das die Botschaft von Cabo Verde ausstellt (DM 46). Das Visum berechtigt zur einmaligen Einreise und ist drei Monate gültig. Das Visum kann über das Reisebüro, bei dem der Flug gebucht wurde, in kurzer Zeit beschafft werden.

Elektrizität

Auf allen Inselgruppen beträgt die Stromspannung 220 Volt. Kurze Stromausfälle gehören auf den Kapverden zum Alltag.

Essen und Trinken

In der Küche aller Inseln ist der portugiesische Einfluß zu spüren. Frischer Fisch, gegrillt, gebraten oder gekocht, steht auf der kulinarischen Hitliste ganz oben. Insgesamt überwiegt unprätentiöse, deftige Hausmannskost, gut gewürzt, mit reichlich Knoblauch und Olivenöl. Regionale Eigenheiten haben alle drei Archipele entwickelt.

Madeira: Spezialität unter den Suppen ist die Tomatensuppe (Sopa de Tomate) mit viel Zwiebeln und einem verlorenen Ei. Favorit unter den Fischen ist der in der Tiefsee lebende schwarze Degenfisch (Peixe Espada Preta), dessen Filet mit einheimischen Tropenfrüchten wie Mango, Papaya, Banane und Kokosflocken eine exotische Kombination eingeht. Insulares Nationalgericht ist der Fleischspieß (Espetada), ein schaschlikartiger Spieß mit saftigem Ochsenfleisch, der über dem offenen Holzkohlefeuer gegrillt wird, als Beilagen: gebratene Maisbreiwürfel (Milho Frito) und warmes Fladenbrot mit Kräuterbutter (Bolo do Caco). Lorbeer von den heimischen Bäumen ist ein typisches Gewürz. Die Couscous-Gerichte sind ein Hinweis auf die Nähe zu Nordafrika.

Als Dessert werden serviert: Honigkuchen (Bolo de Mel), der nicht aus Honig, sondern aus Zuckerrohrsirup gemacht wird, und diverse Tropenfrüchte wie Guaven, Mangos, Litschis, Kaktusfeigen, Kapstachelbeeren, frische Datteln sowie verschiedene Bananenarten (am geschmackvollsten ist die kleine süße Silberbanane, Banana de Prata).

Madeirawein wird entweder als Aperitif oder zum Dessert getrunken. Die süße Geschmacksrichtung vertritt der schwere Malvasia, der Sercial ist sehr trocken, der Verdelho halbtrocken und der Bual kräftig und körperreich. Vinho verde, »grüner Wein«, ist eine portugiesische Besonderheit mit nur acht Prozent Alkohol, leicht, die aus einer Fleischbrühe mit viel Brot besteht. Obligatorisch bei diesem Traditionsfest ist auch die Massa Sovada, ein Brot aus Wasserteig. Als Gemüsebeilage begegnet man häufig Yam, einer tropischen stärkehaltigen Wurzelpflanze.

Auf allen drei Inselgruppen gibt es ein reichhaltiges Angebot an Fischen und Meeresfrüchten

spritzig und gekühlt sehr bekömmlich. Erfrischend, aber hochprozentig sind Poncha, aus heimischem Zuckerrohrschnaps, Honig und Zitronensaft gemixt, und der Cortado, ein Espresso mit reichlich Madeirawein und Zitronenschale.

Azoren: Zugeständnisse an Touristengaumen werden in der azorianischen Küche kaum gemacht, so daß man sie in ihrer Originalität antrifft. Auf São Jorge, Pico und Faial ist der Queijo fresco, ein Frischkäse aus Kuh- und Ziegenmilch, ein beliebter Appetizer. Berühmt ist die Caldeirada (Fischsuppe) aus diversen Fischen, Polvo guisado (geschmorter Tintenfisch) und Arroz de Lapas, ein Reisgericht mit Meeresschnecken. Rindfleisch mit kräftigem Geschmack serviert jedes Restaurant.

Typisch für São Miguel ist der Cozido à Moda das Furnas, ein deftiger Fleischeintopf aus Rind- und Schweinefleisch, Huhn, Speck, Blutwurst, Weißkohl, Wurzeln und Kartoffeln, gedünstet in den heißen Schwefelquellen der Caldeira das Furnas, die dem Fleisch einen Hauch von Schwefel geben. Für die Alcatra werden Rindfleisch, Speck, Zwiebeln, Knoblauch, Lorbeer, Pfeffer und Zimt im Tontopf gekocht; sie gehört auf Terceira als rituelle Mahlzeit zum Heilig-Geist-Fest, ebenso wie die Suppe Sopa de Espírito Santo,

Zu den beliebtesten Desserts gehören die frische, sehr aromatische Ananas von São Miguel oder azorianischer Käse von São Jorge und Pico. Der säurehaltige azorianische Tischwein heißt Vinho de Cheiro und wird bei allen Festen ausgeschenkt. Der beste Wein stammt von Pico, der Verdelho.

Angelica ist ein süßer Weinlikör. Auf São Miguel werden eigene Mineralwässer abgefüllt, z.B. Lombadas, Serra do Trigo, Gloria Patri.

Kapverden: Der afrikanischen Einfluß in der kapverdianischen Küche macht sich vor allem bei den scharfen Gewürzen und der häufigen Verwendung von Bohnen bemerkbar. Nationalgericht ist die Cachupa, ein Eintopfgericht aus gestampften Bohnen und Mais. Bei der Cachupa Rica (Cachupa für Reiche) kommen noch Wurst, Fleisch oder Fisch dazu. An Fleischgerichten sind Hähnchen (Frango), Schwein (Porco) und Ziege (Cabrito) am häufigsten anzutreffen. Frischer Fisch – gebraten, gegrillt oder gekocht – ist überall zu haben, besonders Thunfisch. Der Hit der kapverdischen Küche ist die Languste, die sowohl pur als auch als Gulasch und in Verbindung mit Risottos auf den Speisekarten steht. Nach Wunsch werden die Gerichte afrikanisch, d. h. sehr scharf, gewürzt.

Feiertage

Madeira und Azoren: 1. Januar: Neujahr; Karnevalsdienstag; Karfreitag; Ostersonntag; 25. April: Tag der Freiheit (Nelkenrevolution 1974); 1. Mai: Tag der Arbeit; Fronleichnam; 10. Juni: Tag des Nationaldichters Luís de Camões (Nationalfeiertag); 13. Juni: Tag des hl. Antonius; 15. August: Mariä Himmelfahrt; 5. Oktober: Tag der Proklamation der Republik (1910); 1. November: Allerheiligen; 1. Dezember: Tag der Restauration der Unabhängigkeit von Spanien (1640); 8. Dezember: Unbefleckte Empfängnis; 25. Dezember: Weihnachten. Darüber hinaus hat jeder Kreis einen zusätzlichen festen kommunalen Feiertag.

Madeira: 14./15. August: Fest der Schutzheiligen der Insel Nossa Senhora do Monte.

Azoren: 1. Juni: Tag der Unabhängigkeit auf den Azoren.

Kapverden: 1. Januar: Neujahr; Karnevalsdienstag; 1. Mai: Tag der Arbeit; 5. Juli: Tag der Unabhängigkeit; 12. September: Geburtstag des Revolutionsführers Amílcar Cabral (Nationalfeiertag); 25. Dezember: Weihnachten. Dem katholischen Kalender entsprechend, feiert jede Insel den Namenstag ihres Heiligen, der zugleich Namenspatron der jeweiligen Insel ist.

Fotografieren

Filme sind extrem teuer – auf den Kapverden nicht immer vorrätig und häufig unsachgemäß gelagert. Deshalb sollte man reichlich Fotomaterial mitnehmen. Praktisch alle Fotogeschäfte in Funchal/Madeira bieten Schnellentwicklungsdienste an.

Exotische Früchte auf dem Markt in Funchal

Geld

Madeira und Azoren: Für 1 DM erhält man ca. 100 Escudos (PTE). Euro- und Reiseschecks nehmen die Banken bei Vorlage des Personalausweises entgegen – Höchstbetrag pro Scheck 35 000 Esc. Banken und Wechselstuben erheben teilweise sehr hohe Gebühren.

Jederzeit und viel günstiger kann man mit den EC-Karten Geld an den Multibanco-Automaten (kurz: MB) ziehen. Kreditkarten, vor allem Visa, Mastercard und Eurocard, werden in den Städten und Touristenhochburgen von allen größeren Hotels, Restaurants und Geschäften akzeptiert. Weniger Glück hat man mit American Express und Diners Club. In den meisten Häusern des Turismo de Habitação, in Hotels und Restaurants in ländlichen Gegenden ist die Kreditkarte noch nicht gebräuchlich.

Kapverden: Für 1 Mark erhält man ca. 55 Kapverdische Escudos (ECV), wie die Landeswährung heißt. Ein Kapverdischer Escudo ist unterteilt in 100 Centavos. Ein- und Ausfuhr der Landeswährung sind verboten. Rücktausch erfolgt nur gegen Vorlage der Bankquittung, wobei sehr hohe Gebühren erhoben werden. Kreditkarten sind ungebräuchlich; Karten wie Visa, American Express, Mastercard und Eurocard werden nur in Banken und in einigen Hotels angenommen.

Gesundheit

Madeira, Azoren: Zwischen Deutschland und Portugal besteht ein Sozialversicherungsabkommen. Mitglieder gesetzlicher Krankenkassen können vor der Reise einen Auslandskrankenschein anfordern, mit dem sie im Krankheitsfall ärztliche Dienste kostenlos in Anspruch nehmen können. Der Schein muß in einen portugiesischen Krankenschein umgewechselt werden bei: Serviço de Migrantes in der Direcção de Saúde Pública, Rua das Pretas 1, Funchal, Tel. 091/23202126. Oder die gesetzlichen Krankenkassen erstatten die Kosten bei Vorlage der Quittungen.

Bei akuten Verletzungen oder Erkrankungen ist die Notaufnahme (Urgência) der staatlichen Krankenhäuser zuständig, die sich in Hauptorten wie Funchal, Ponta Delgada, Angra do Heroísmo und Horta befinden; sie ist ständig mit Fachärzten besetzt. Für die Minimalversorgung besitzen die Ortschaften in ländlichen Regionen, auf den Azoren jede Insel, ein Gesundheitszentrum (Centro de Saúde), das normalerweise von 8 bis 18 Uhr im Einsatz ist. Die Wartezeiten hier wie in den Krankenhäusern sind oft unzumutbar. Schneller, aber auch teurer ist die Behandlung in den Clínicas oder Consultórios der Privatärzte. Die Kosten im staatlichen Krankenhaus oder den Centros de Saúde sind dagegen sehr niedrig. Nationaler Notruf: 115.

Apotheken (Farmácias) sind Mo–Fr 9–13 und 15–19 Uhr geöffnet, Sa 9–13 Uhr.

Bordados de Madeira: Stickerin in Funchal

Für den Notfall außerhalb dieser Zeiten sind diensthabende Apotheken im Aushang angezeigt.

Kapverden: Schutzimpfungen sind nicht vorgeschrieben, Gelbfieberimpfung und eine Malaria-Prophylaxe im September sind jedoch empfehlenswert. Einreisende aus Ländern mit Seuchenproblemen (wie etwa Senegal) müssen in ihren Impfpässen Cholera- und Malariaprophylaxe vorweisen. In die Reiseapotheke gehören Insektenschutz und Mittel gegen Durchfall. Leitungswasser sollte grundsätzlich nicht getrunken werden, auch nicht zum Zähneputzen. Den Verzehr von allem, was nicht abschälbar ist, sollte man vermeiden. Der Zuckerrohrschnaps Grogue gilt auf den Kapverden als Spezialität und wird überall ausgeschenkt. Vor dem hohen Gehalt an Methylalkohol bei selbstgebrannten Schnäpsen wird gewarnt.

Alle Inseln sind mit Krankenhäusern bzw. -stationen, Privatärzten und Apotheken versorgt. Bei den staatlichen Krankenhäusern ist mit langen Wartezeiten zu rechnen, weshalb viele, die es sich leisten können, gleich zu Privatärzten gehen. Problemfälle werden an eines der beiden großen Krankenhäuser in Praia/Santiago und Mindelo/São Vicente überwiesen, wobei letzteres als das moderne und bessere gilt: Hospital Dr. Agostinho Neto, Rua Mártires Pidjiguiti, Praia/Santiago, Tel. 612234, und Hospital Dr. Baptista e Sousa, Mindelo/São Vicente, Tel. 312404. Im Notfall erfolgt ein Krankentransport nach Portugal. Da die Kosten an Ort und Stelle beglichen werden müssen, empfiehlt sich eine Reisekrankenversicherung.

Kleidung

Madeira und Azoren: Da es unter einer geschlossenen Wolkendecke oftmals frisch werden kann, gehört ein warmer Pullover in jeden Koffer. Für das sehr wechselhafte Wetter empfiehlt sich der Zwiebel-Look mit mehreren Schichten. Besonders in höheren Lagen sollte vorsichtshalber ein Wind- und Regenschutz mitgenommen werden. Im Winter gehören eine Regenjacke, evtl. ein Schirm ins Gepäck. Ansonsten ist man mit Baumwoll- oder Leinenstoffen bei sommerlichen Temperaturen gut ausgerüstet.

Kapverden: Tropenleichte Sommerbekleidung aus Baumwolle oder Leinen ist immer richtig. Lichtempfindliche sollten eine dunkle Sonnenbrille und Sonnencreme mit hohem Lichtschutzfaktor einpacken. Wanderer brauchen unbedingt einen Sonnenschutz für Kopf und Körper, in hohen Regionen wie etwa auf dem Pico de Fogo (2829 m), wo man mit kühlen Temperaturen rechnen kann, einen Pulli.

Thunfisch am Strand von San Pedro/São Vicente

Klima

Madeira: Auf Madeira fällt häufig Niederschlag. Die Temperaturen sind jedoch ganzjährig mild (siehe Klimatabelle). Das Klima wird allerdings hauptsächlich vom genauen Aufenthaltsort innerhalb der Insel bestimmt: An der Küste ist es häufig sonnig, während es im Bergland häufig neblig ist. In Höhenlagen kann es im Winter schneien. Auskünfte: Centro Meteorológico do Funchal, Tel. 226756.

Azoren: Vier Jahreszeiten an einem Tag, so heißt es. Die kältesten Monate sind Januar bis März mit durchschnittlich 17 Grad, die heißeste Monat ist der August mit durchschnittlich 26 Grad. In den Monaten Dezember, März und April regnet es am meisten. Eine kräftige Brise weht praktisch immer, Nebel tritt häufig im Frühling auf.

Kapverden: Die durchschnittlichen Jahrestemperaturen liegen bei 23 und 25 Grad. August/September wird es etwas wärmer, Januar/Februar kühlt es ein wenig ab, jedoch nie unter 21 Grad. Dank der mäßigen Luftfeuchtigkeit von 60 Prozent und dem ständigen Passatwind ist das Klima für Europäer gut erträglich. Das ganze Jahr über weht ein heftiger Nordostpassat mit Stärken von 4–6 (November/Juli), aber um die Jahreswende bringt der Harmattan trockenheiße Luftmassen und Staubwolken aus der Sahara. Als sogenannte Regenzeit gelten die Monate Juli/September; sie fällt jedoch fast immer aus. Nur an den Bergen regnen sich manchmal tagelang Wolken ab.

Funchal, Madeira	Temp. max.	Temp. min.	Wassertemp.	Regentage	Sonnenstd.
Januar	19°	13°	18°	8	5
Februar	19°	13°	17°	9	5
März	20°	13°	17°	7	6
April	20°	13°	17°	5	6
Mai	21°	15°	18°	3	7
Juni	22°	17°	20°	2	5
Juli	24°	18°	21°	1	7
August	26°	19°	22°	1	8
September	26°	19°	23°	3	7
Oktober	24°	18°	22°	6	6
November	22°	16°	20°	8	5
Dezember	20°	14°	19°	9	5

Quelle: Deutscher Wetterdienst, Hamburg

Praia, Santiago	Temp. max.	Temp. min.	Wassertemp.	Regentage	Sonnenstd.
Januar	25°	20°	23°	1	7
Februar	25°	19°	22°	1	8
März	26°	20°	22°	1	9
April	26°	20°	23°	0	10
Mai	27°	21°	23°	0	10
Juni	28°	22°	24°	1	9
Juli	28°	23°	24°	2	7
August	29°	24°	26°	5	7
September	30°	24°	27°	6	7
Oktober	29°	24°	27°	4	8
November	28°	23°	26°	1	8
Dezember	26°	21°	25°	1	6

Literatur

Madeira: Unter dem Titel »Raquels Töchter« schrieb Helena Marques, Journalistin und Schriftstellerin, eine fesselnde Familiensaga, die auf Madeira spielt. Im Mittelpunkt steht das Madeira des 19. Jh. und das durch geographische und soziale Enge geprägte Inseldasein. Couragierte Frauen wie Raquels Töchter brechen langsam, aber sicher aus (Beck & Glückler, Freiburg 1997). Mehr Sach- als Reisebuch ist der in der Reihe »Edition Erde« erschienene Madeira-Band, der umfangreich Geschichte, Wirtschaft und Kultur darstellt (Edition Temmen, Bremen 1997). Wer die Pflanzen- und Blumenvielfalt Madeiras kennenlernen will, findet in »Madeira, die Blumeninsel« von Guido de Monterey einen guten Begleiter (Funchal 1996; beim Turismo in Funchal).

Azoren: António Tabucchi erzählt in »Die Frau von Porto Pim« azoreanische Geschichten von Liebe und Abenteuer (Wagenbach, Berlin 1993). Auf Spurensuche von Vulkanen und Walfängern begibt sich Ralph Glöckler in seinem

Azoren-Buch »Vulkanische Reise« (Klett-Cotta, Stuttgart 1997). João de Melo, Essayist und Romancier des modernen Portugals und azoreanischer Herkunft, ist in der zweisprachigen Reihe von »Letras Portuguesas: Portugiesische Autorinnen und Autoren« eine Ausgabe gewidmet mit Auszügen aus seinen Romanen »Der Mann in der Schwebe« und »Glückliche Menschen mit Tränen«, in denen u. a. auch die Azoren und das Inselleben aufgegriffen werden (Verlag TFM, Frankfurt 1997). Ein Standardwerk über die azoreanische Vegetation ist das viersprachige Buch »Açores – Flores« von Erik Sjögren; auch in deutsch. Gute Beschreibungen mit reichlich Abbildungen. Offiziell vergriffen, ist es doch in manchen Souvenirshops noch erhältlich (Hrg. Direcção Regional de Turismo, Horta/Faial).
Kapverden: Ein Buch zum Schmunzeln und Einfühlen in die kapverdische Gesellschaft ist »Das Testament des Herrn Napomuceno« von Germano Almeida. In seinem seitenlangen Testament, eher ein Lebensbericht, offenbart sich das wahre Leben des honorigen Handelskaufmanns aus Mindelo (Fischer, Frankfurt/M. 1997).

Medien

Madeira und Azoren: Alle Zeitungen sind um gut 15 Prozent teurer, ausländische Zeitungen oft ein bis zwei Tage verspätet. Deutschsprachige Zeitungen, Magazine und Illustrierte sind in touristischen Zentren zu haben. Kostenlos erhält man überall die deutschsprachige Informationsschrift »Madeira Aktuell« mit Stories, Infos und viel Werbung.
Kapverden: Internationale Zeitungen findet man selten und nur in großen Hotels.

Telefonzelle im Grünen in Boaventura/Madeira

Öffnungszeiten

Madeira und Azoren: Banken sind Mo bis Fr 8.30–15 Uhr geöffnet, Wechselstuben (Câmbio) Mo–Fr 8.30–19 Uhr, Sa 8.30–13 Uhr. Geschäfte: Mo–Fr 9–13 und 15–19, Sa 9–13 Uhr. Einkaufszentren: tgl. 10–22 Uhr.
Kapverden: Banken sind Mo–Fr geöffnet und zwar Banco de Cabo Verde 8–12, 13.30–14.30, Banco Comercial do Atlântico 8–14 Uhr und Caixa Económica de Cabo Verde 8.30–14 Uhr.
Abhängig von Größe und Warenangebot der Geschäfte sind sie für gewöhnlich von 8–19 Uhr geöffnet mit einer Mittagspause 12–15 Uhr.

Post, Telefonieren

Vorwahlen: Für Portugal: 00351. Für Madeira und Porto Santo: 091. Für die Azoren: São Miguel und Santa Maria 096; Terceira, Graciosa und São Jorge 095; Faial, Pico, Flores und Corvo 092. Für die Kapverden (ohne Ortskennzahl): 00238. Auf den Kapverden telefoniert man am besten von der Post.

Reiseveranstalter

Der Spezialist für Portugal, Madeira/Azoren und Kapverden ist Olimar, Unter Goldschmied 6, 50667 Köln, Tel. 0221/205900, Fax 251591. Alle großen Reiseveranstalter haben Madeira, manche auch die Azoren im Programm. Auskünfte auch bei: Azoren Hoch, Savignystr. 4, 63755 Alzenau, Tel. 06023/970026, Fax 970234.
Kapverden bieten u. a. folgende Veranstalter an: Hamann Touristik, Warrington Platz 22, 40721 Hilden, Tel. 02103/80091, Fax 21495. Taucher wenden sich an: Eden Roc Reisen, Hörder Str. 382, 58454 Witten, Tel. 02302/47902, Fax 48824; Surfer an: Sun and Fun, Franz-Joseph-Str. 43, 80801 München, Tel. 089/398833, Fax 346644.
Spezielle Angebote für Wanderer bieten: Studiosus, Riesstr. 25, 80992 München, Tel. 089/50060-0, Fax 50060-100 und schulz aktiv reisen international, Görlitzer Str. 15, 01099 Dresden, Tel. 0351/8041962, Fax 8026614; Segler: Cabo Verde Sailing, Steinkleestr. 42, 60435 Frankfurt, Tel. 069/54801994. Studienreisen: Frankfurter Studienreisen, Niederhofheimer Str. 26, 65715 Hofheim/Taunus, Tel. 06192/28833, Fax 25291.

Sicherheit

Auch wenn die Kriminalität in den letzten Jahren gestiegen ist, tritt sie gegenüber Touristen kaum in Erscheinung.

Sprache

Auf Madeira und den Azoren wird Portugiesisch gesprochen. Die offizielle Sprache auf den Kapverden ist ebenfalls Portugiesisch. Die Einheimischen sprechen jedoch Crioulo, eine Mischung aus Portugiesisch und afrikanischen Idiomen – für Portugiesen fast unverständlich. Wer mehr als die Grundausbildung genossen hat, spricht auch Englisch.

»Hotel Carlton Palms« in Funchal auf Madeira

Trinkgeld

Bedienung ist in den Preisen inbegriffen, Trinkgeld also eine individuelle Entscheidung. Bei gutem Service sind zehn Prozent vom Rechnungsbetrag angemessen. Hotelboys und Gepäckträger bekommen etwa 100 Esc. pro Gepäckstück, Zimmermädchen 500 Esc. pro Woche.

Unterkunft

Madeira und Azoren: Luxushotels gibt es nur auf Madeira. Daneben reicht die Palette von Vier-Sterne-Herbergen bis zu einfachen Pensionen. Der Standard auf den Azoren ist insgesamt niedriger. Einige Klassifizierungen sind in Deutschland unbekannt: Estalagens sind kleine Häuser der 4- und 5-Sterne-Kategorie, meist gemütlicher und regionstypischer als Hotels. Albergarias sind eine portugiesische Variante von Gasthäusern mit

Nach dem Erdbeben 1998 in Flamengos auf Faial

schlichtem Vier-Sterne-Komfort. Das Residencial bezeichnet eine schlichte Pension, meist ohne Frühstück.
Pousadas, in Portugal als hochpreisige staatliche Hotels in Burgen, Klöstern und in landschaftlich schönen Gegenden bekannt, findet man nur zwei auf Madeira. Zahlreiche stattliche Herrenhäuser und Landgüter in Privatbesitz, meist am Rande oder weit außerhalb von größeren Orten, bieten einige wenige, meist sehr geschmackvolle Zimmer mit modernem Standard an, Turismo de Habitação (TH) genannt. Zum Turismo Rural (TR) zählen rustikalere, regionstypische Landhäuser.
Kapverden: Kap Verde ist ein Land der Dritten Welt. Hohe Ansprüche an Komfort sind fehl am Platz. Insbesondere auf den kleineren Inseln sind die Quartiere überwiegend sehr einfach.
Die meisten Hotels versuchen, sich auf europäische Gäste einzustellen. Vom europäischen Standard sind sie jedoch weit entfernt. Hotelzimmer verfügen meist über Dusche/WC, aber nicht immer mit Warmwasser. Viele Häuser werden derzeit mit geringen Mitteln renoviert und modernisiert. Viele neue Hotels sind in Planung.

Verkehrsmittel

***Busse:* Madeira und Azoren:** Das Busnetz auf Madeira ist flächendeckend. Bushaltestellen erkennt man am Schild »Paragem«. Außerhalb der Stadt sind zusätzlich Winkzeichen üblich. Auf Madeira teilen sich drei Busgesellschaften das Streckennetz: Die gelben Busse des »Horários de Funchal« bedienen in Funchal und Umgebung, die rot-gelben Busse des »Rodoeste» den Inselwesten und den Osten die grün-gelben Busse der Gesellschaft SAM. Die zentrale Busstation befindet sich in der Avenida do Mar in Funchal.
Auf den Azoren verkehren die Busse zwar regelmäßig, aber selten. Der Fahrplan orientiert sich überwiegend am Stundenplan der Schüler.
Kapverden: Nur auf Santiago und São Vicente gibt es einen öffentlichen, unregelmäßigen Busbetrieb.
***Flugzeug:* Madeira und Azoren:** Zwischen Madeira und Porto Santo verkehren die Kleinflugzeuge der ATA (Aerocondor Transportes Aéreas), sogenannte Shorts 330, mehrmals täglich. Flugdauer: 20 Minuten.
Die Flugverbindungen zwischen den Azoreninseln gewährleistet die azoreanische Fluggesellschaft SATA Air Açores, Avenida Infante D. Henrique, 9500 Ponta Delgada, Tel. 22311.
Kapverden: Jede bewohnte Insel hat einen Flugplatz, doch nur Sal, Santiago und São Vicente werden regelmäßig angeflogen; die kleineren Inseln nur wetterbedingt und abhängig von der Nachfrage. Nicht selten streicht die TACV die Flüge, was die gesamte Urlaubsplanung durcheinander bringen kann.
Für die Verbindung zwischen den Inseln bietet die TACV einen Airpaß an (490 DM für vier Flüge). Die interinsularen Flüge, besonders zu den kleinen Inseln, sind für teilweise extreme Verspätungen bekannt. Flüge unbedingt bestätigen.
***Mietwagen:* Madeira und Azoren:** Alle bekannten Rent-a-Car-Firmen sind auf den Inseln vertreten.
Kapverden: Das Angebot wächst auf Sal, Santiago und São Vicente ständig, während Inseln wie Santo Antão, Boavista, Maio Brava und São Nicolau völlig unterversorgt sind. Die bekanntesten Firmen sind Alucar, Turicar und Africar. Sie verleihen sowohl Pkws als auch Geländewagen, und manche verlangen extrem hohe Depotgebühren.
***Schiffe:* Madeira und Azoren:** Zwischen Madeira und Porto Santo verkehrt täglich außer dienstags das Fährschiff »Lobo Marinha« (3 Std. Fahrzeit). Die Zentralgruppe der Azoren (Faial, Pico, São Jorge, Terceira, Graciosa) werden fahrplanmäßig mehrmals wöchentlich durch Personenfähren der »Transmaçor« und, seit 1998, der »Açor Line« verbunden. Im Sommer verkehrt regelmäßig eine Fähre zwischen São Miguel und Santa Maria, zwischen Flores und Corvo verkehrt eine nicht fahrplanmäßige Fähre.

Unterwegs zum Pico de Fogo: Öffentliche Verkehrsmittel gibt es kaum auf den Azoren

Kapverden: Offiziell verbinden die beiden Fährschiffe »Sotavento« und »Barlavento« die bewohnten Inseln. Zuverlässige Fahrpläne existieren jedoch nicht. Ob sie fahren oder nicht, hängt von der Nachfrage und vom Wetter ab. Die sanitären Verhältnisse an Bord sind katastrophal, insbesondere bei längeren Strecken, wenn die Hälfte der rund 150 Leute an Bord seekrank wird. Nur die Verbindung zwischen Mindelo/Santo Antão wird regelmäßig bedient. Auskünfte zu Fährverbindungen: Arca Verde, Praia/Santiago, Tel. 615497.

***Taxi:* Madeira und Azoren:** In Ortschaften gilt der Taxameter, außerhalb gelten Festpreise, die von Tabellen abgelesen werden. Für Gepäck werden 300 Esc. auf den Fahrpreis aufgeschlagen. Von 22 bis 6 Uhr wird ein Nachttarif von zusätzlich 20 Prozent auf den Tarifpreis erhoben. Viele Taxifahrer bieten auch Rundfahrten und Sightseeingtouren an; die meisten sprechen Englisch, manche sogar Deutsch.

Kapverden: Taxis (schwarz mit grünen Dächern) gibt es fast nur in Praia und Mindelo. Manche Taxifahrer zeigen ein gewisses Talent zur modernen Wegelagerei und fordern, wenn nichts anderes vereinbart ist, horrende Preise. Um Streitigkeiten vorzubeugen, sollte man den Preis vor Fahrtantritt aushandeln.

Am gebräuchlichsten und günstigsten sind die Aluguers, Sammeltaxis, meist Minibusse oder landgängige Pritschenwagen. Man mietet sie entweder für sich allein oder fährt mit; es gibt keine Haltestellen, Winkzeichen genügen. Jeder Fahrer muß eine offizielle Preisliste (Lista) haben.

Wettervorhersage

Madeira: Tel. 091/150 (Portugiesisch).
Azoren: Meteorologisches Institut, Tel. 096/282922 (Portugiesisch, Englisch).

Zeittafel

1415–1460
Portugals Expansion nach Übersee: Die Portugiesen entdecken und erobern systematisch die afrikanische Westküste und die Inseln im Atlantik.

1418–1419
João Gonçalves Zarco und Tristão Vaz Teixeira entdecken zuerst Porto Santo und dann Madeira.

Geschichte, in Stein festgehalten in Funchal

1427-1452
Entdeckung der Azoren durch Diogo de Silves.

1456-1461
1456 erreicht der in portugiesischen Diensten stehende Italiener Aloisio Cadamosto die kapverdische Insel Boa Vista. Ab 1461 wird Santiago zum Zentrum des Sklavenhandels.

um 1500
Madeira wird Europas größter Zuckerlieferant.

1534
Angra do Heroísmo auf Terceira erhält als erste Ortschaft der Azoren Stadtrechte.

1580–1640
Gegen den Widerstand der Azoren folgt die spanische Krone auf den portugiesischen Thron. Die Atlantischen Inseln werden zu zentralen Stützpunkten auf der Goldroute zwischen Amerika und Europa, zwischen Kolonien und Mutterland. Schwere Piratenüberfälle auf die großen Häfen der Atlantikinseln.

1826
Die auf dem Festland ausgebrochenen Kämpfe zwischen Monarchisten und Liberalen dehnen sich auf die Azoren aus.

1852–1872
Schwere Wirtschaftskrise auf Madeira durch den Verlust der Weinernten.

1868
Abschaffung der Sklaverei in Portugal und allen portugiesischen Kolonien.

1926–1974
Fast 50 Jahre Diktatur, Zensur und Folter in Portugal. Der Diktator António de Oliveira Salazar richtet auch auf den Kapverden Lager für politische Gegner ein.

1961
Beginn der afrikanischen Befreiungskriege in Portugals Kolonien. Auch auf den Kapverdischen Inseln kommt es zu Zwischenfällen.

1964
Mit der Eröffnung des Flughafens auf Madeira beginnt der Massentourismus.

1974
Ein friedlicher linker Militärputsch (»Nelkenrevolution«) macht der Diktatur in Portugal und dem Kolonialkrieg ein Ende.

1975
Die Kapverden werden unabhängig. Der Prozeß der Demokratisierung beginnt.

1976
Madeira und die Azoren erhalten einen autonomen Status unter der Kontrolle eines »Ministers der Republik«. Die Häfen Kap Verdes verlieren ihre Bedeutung als Handelsstützpunkte.

1986
Portugal wird Mitglied der EG. Der wirtschaftliche Aufschwung wird auch auf Madeira und den Azoren spürbar.

1991
Erste demokratische Wahlen in Kap Verde. Die kommunistische Einheitspartei (PAICV) wurde abgelöst von der »Bewegung für Demokratie«. Das Land wird weltweit zu einem der größten Empfänger von Entwicklungshilfe (309 US-$ pro Kopf der Bevölkerung).

1997
Bei den Regionalwahlen wird auf Madeira der seit 1976 regierende Inselherrscher und Sozialdemokrat (PSD) Alberto João Jardim erneut mit großer Mehrheit bestätigt. Auf den Azoren werden die Sozialdemokraten nach 20jähriger Regierung durch die Sozialisten (PS) abgelöst.

Stand der Angaben: Januar 1999.

Océano
Baixa do Mois
Ilhéu Mole
Ponta do Tristão
Porto Moniz
Natação
Santa Madalena
Ilhéus da Ribeira da Janela
Salão
Lanceiros
Ribeira da Janela
Baixas do Furado
Achadas da Cruz
204
Fajã das Contreiras
Ribeira Funda
Cascata
Fajã da Parreira
Seixal
FajãNova
Cabo
Ribeira da Cruz
37
Itinerário pitoresco
Lombada Velha
Fonte da Pedra
1022
Ribeira da Janela
101
Ribeira da Vaca
Ponta do Pargo
Serrado
Pedregal
Fonte do Barro
1066
Pedreira
1241
Chão da Ribeira
Ribeira do Seixal
Cascata
Ponta Alto
Ponte Delgada
Lombadinha
Malhada
Boaventura
Fajã da Areia
Lombada
São Vicente
Terra Chã
Ponta do Pargo
Ribeira dos Marinheiros
Serra do Amparo
Pico Coentros
1225
Ramal
1320
Lombada dos Marinheiros
Achada Grande
1193
1016
25 Fontes
Achada do Cedro
1511
Lombo Passo
Lanco
Terça
Ginjas
Lameiros
Falca de Cima
Lapinhas
Rosário
Ruivo do Paul
1640
Casa do Caramujo
Loural
104
Casa das Torrinhas
Ponta do Pesqueiro
Fajã da Ovelha
Malseira
Raposeira do Logarinho
210
Prazeres
Pico Gordo
1264
Rabaçal
Base N.W.
1421
Estanquinhos
Vargem
Pico das Eirinhas
Casado
1725
1509
1650
Pico das Torrinhas
1405
Paul da Serra
Bica da Cana
1620
Rocha Negra
1299
1007
Boca da Encumeada
Ribeira do Raposa
Urze
1481
Fonte do Juncal
1595
Paul do Mar
26
Ponta Pequena
51
Lombo da Estrela
Pousada dos Vinháticos
Pico Grande
1657
Jardim do Mar
Estreito da Calheta
Lombo das Laranjeiras
Florencas
Casa do Lombo do Mouro
Serra de Água
Lombo do Brasil
Pinheiro de Fora
Pinheiro
Curral das Freiras
Ponta da Galé
Achada de Cá
Lombo do Doutor
Arco da Calheta
208
Fajã Redonda
Chão dos Terreiros
1436
Terra Chã
Calheta
Loreto
Relógio do Poiso
Ribeira do Ponta do Sol
Ribeira Brava
Fajã do Mar
Lombo de S. João
Madalena do Mar
Canhas
Jardim da Serra
213
Carreira
Estreito de Câmara de Lobos
Ponta do Sol
Tábua
Campanário
34
Ribeira Brava
Quinta Grande
Caldeira
Palmeira
Cabo Girão
Câmara de Lobos
Oporto
Coimbra
Azores
Flores
Terceira
Pico
S. Miguel
Ponta Delgada
Lisbon
Faro
Casablanca
Madeira
Porto Santo
Funchal
Marrakesh
4165
Canary Islands
Sta Cruz d.l. Palma
Sta Cruz de Tenerife
Tenerife
Fuerteventura
Hierro
Gran Canaria
Las Palmas
Agadir
Tindouf
Ad- Dakhlah
Nouadhibou
Atar
Cape Verde Islands
S. Vicente
Sal
Boa Vista
S. Tiago
Praia
Nuakchott
Dakar
Kaedi
Senegal
Banjul
40°
30°
20°
10°
Vierspurige Straße - Hauptstraße - Nebenstraße
Fahrweg - Fahrweg (nur bedingt befahrbar) - Fußweg
Europastraßennummer - Kilometrierung - Schiffahrtslinie
E80
35
Flughafen - Boots- und Yachthafen - Aussichtspunkt
Sehenswerter Ort - Besondere Sehenswürdigkeit
FUNCHAL
Cabo Girão
Sehenswertes Bauwerk - Sonstige Sehenswürdigkeit
Forte do Pico
Golfe
Burg, Schloß - Kirche - Kapelle - Denkmal
Turm - Funk- oder Fernsehturm - Leuchtturm - Höhle
Hotel - Refugio - Einzelhof - Levada
Maßstab 1:140.000
0 1 2 3 4 5 6km
1 2 3 4 5
A B C D E F G

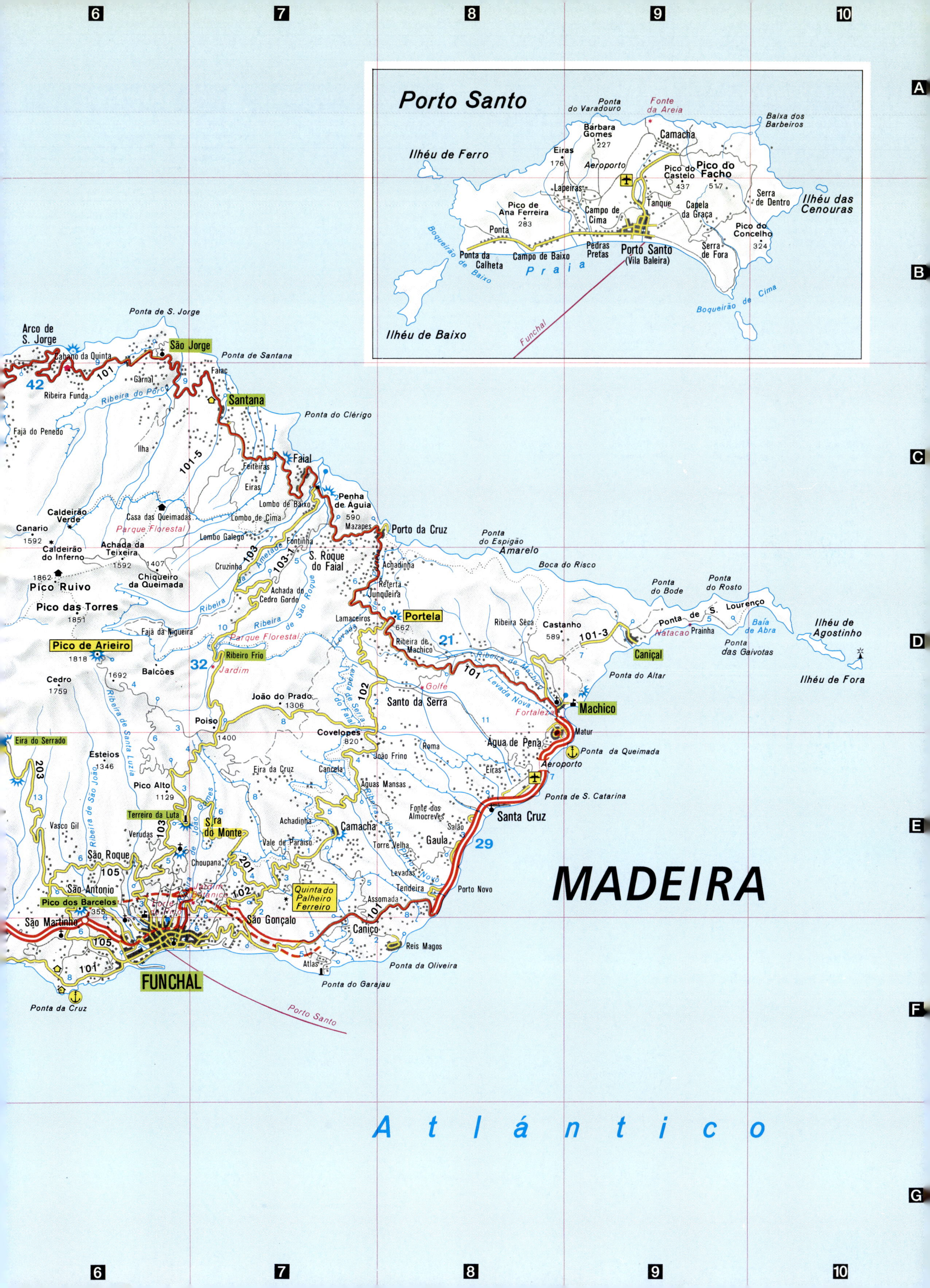
6
7
8
9
10
A
B
C
D
E
F
G
Porto Santo
Ponta do Varadouro
Fonte da Areia
Baixa dos Barbeiros
Bárbara Gomes
227
Camacha
Ilhéu de Ferro
Eiras
176
Aeroporto
Pico do Castelo
437
Pico do Facho
517
Lapeiras
Serra de Dentro
Ilhéu das Cenouras
Pico de Ana Ferreira
283
Campo de Cima
Tanque
Capela da Graça
Ponta
Pico do Concelho
324
Boqueirão de Baixo
Ponta da Calheta
Campo de Baixo
Pedras Pretas
Porto Santo
(Vila Baleira)
Serra de Fora
Praia
Boqueirão de Cima
Ilhéu de Baixo
Funchal
Ponta de S. Jorge
Arco de S. Jorge
São Jorge
Ponta de Santana
Cabano da Quinta
Garnal
101
42
Ribeira Funda
Ribeira do Porco
Faiac
Santana
Ponta do Clérigo
Fajã do Penedo
Ilha
101-5
Faial
Feiteiras
Eiras
Penha de Águia
590
Caldeirão Verde
Casa das Queimadas
Lombo de Baixo
Lombo de Cima
Mazapes
Porto da Cruz
Canario
1592
Parque Florestal
Lombo Galego
Fontinha
Caldeirão do Inferno
Achada da Teixeira
1592
103
103-1
S. Roque do Faial
Achadinha
Ponta do Espigão
Amarelo
Boca do Risco
1862
Pico Ruivo
1407
Chiqueiro da Queimada
Cruzinha
Achada do Cedro Gordo
Referta
Junqueira
Ponta do Bode
Ponta do Rosto
Pico das Torres
1851
Ribeira
Ribeira de São Roque
Lamaceiros
Portela
662
Ribeira Sêca
Castanho
589
101-3
Ponta de S. Lourenço
Natação
Prainha
Baía de Abra
Ilhéu de Agostinho
Fajã da Nogueira
Parque Florestal
Ribeiro de Machico
21
Ponta das Gaivotas
Caniçal
Pico de Arieiro
1818
Ribeiro Frio
32
Jardim
Ribeira de Machico
101
Ponta do Altar
Ilhéu de Fora
Balcões
1692
Levada da Serra do Faial
Golfe
Cedro
1759
João do Prado
1306
102
Santo da Serra
Levada Nova
Machico
Fortaleza
Poiso
1400
Covelopes
820
Matur
Eira do Serrado
Ribeira de Santa Luzia
Água de Pena
Roma
Ponta da Queimada
Esteios
1346
João Frino
Aeroporto
203
Eira da Cruz
Cancela
Eiras
Pico Alto
1129
Águas Mansas
Ponta de S. Catarina
Ribeira de São João
Terreiro da Luta
Santa Cruz
Fonte dos Almocreves
Vasco Gil
Achadinha
Camacha
Salão
Verudas
103
S.ra do Monte
Vale de Paraíso
Torre Velha
Gaula
29
São Roque
Choupana
201
Levadas
105
Tendeira
Porto Novo
São Antonio
102
Quinta do Palheiro Ferreiro
Assomada
MADEIRA
Pico dos Barcelos
355
São Martinho
São Gonçalo
101
Caniço
105
Reis Magos
101
Atlas
Ponta da Oliveira
FUNCHAL
Ponta do Garajau
Ponta da Cruz
Porto Santo
Atlántico

Register

Seitenzahlen, die auf Infoseiten hinweisen, sind **fett** gedruckt. Die Koordinaten in Klammern beziehen sich auf die Karten Seite 62, 63, 73, 85, 86 und 112/113.

AZOREN

KAPVERDEN

MADEIRA

Lieferbare Ausgaben

In Vorbereitung

Impressum

Verlag:
HB Verlags- und Vertriebs-Gesellschaft mbH, Alsterufer 4, 20354 Hamburg, Postfach 30 06 60, 20347 Hamburg, Tel. 040/41 51-04, Telefax 040/41 51-18 52.
Geschäftsführer:
Kurt Bortz, Dr. Joachim Dreyer, Dr. Brigitte Nimnate

Redaktion und Produktion:
Harksheider Verlagsgesellschaft mbH, Fabersweg 1, 22848 Norderstedt, Tel. 040/52 88 62-0, Telefax 040/5 23 40 56
E-mail HVGmbh@aol.com
Redaktion:
Ulrike Klugmann (verantwortlich)
Jörg Gensel

Text: Beate Schümann, Hamburg
Fotografie: Hartmut Schwarzbach, Hamburg
Zusätzliches Fotomaterial: Seite 101, oben rechts: Tropical Music, Marburg
Grafische Gestaltung:
Gerhard Keim, Frankfurt/Main
Karten:
Seite 112/113: © Falk Verlag GmbH
Seite 23, 62, 63, 73, 85, 86, 97 und 98: © cartomedia, Karlsruhe

Für die Richtigkeit der in diesem HB-Bildatlas Special angegebenen Daten – Adressen, Öffnungszeiten, Telefonnummern usw. – kann der Verlag keine Garantie übernehmen.
Nachdruck, auch auszugsweise, nur mit ausdrücklicher Genehmigung des Verlages.
Erscheinungsweise: zweimonatlich

HB-Bildatlas Special Fotoservice:
Harksheider Verlagsgesellschaft mbH, Fabersweg 1, 22848 Norderstedt, Tel. 040/52 88 62-22, Telefax 040/5 23 40 56

Vertrieb Zeitschriftenhandel:
Partner Pressevertrieb GmbH, Postfach 810420, 70521 Stuttgart, Telefon 07 11/72 52-227, Telefax 07 11/72 52-310
Vertrieb Abonnement und Einzelhefte:
Zenit Pressevertrieb GmbH, Postfach 8106 40, 70523 Stuttgart, Telefon 07 11/72 52-198, Telefax 07 11/72 52-333
Vertrieb Buchhandel:
Mairs Geographischer Verlag, Marco-Polo-Zentrum, 73760 Ostfildern, Telefon 07 11/45 02-0, Telefax 07 11/45 02-340

Anzeigenalleinverkauf:
KV Kommunalverlag GmbH, Postfach 8105 65, 81905 München, Telefon 089/92 80 96-24, Telefax 089/92 80 96-20

Reproduktionen:
Otterbach Repro GmbH & Co., Rastatt
Druck und buchbinderische Verarbeitung:
Schnitzer Druck GmbH, Korb
Printed in Germany

ISBN 3-616-06454-6

Titel: Madeira, Kinder beim Blumenfest